山の宗教

修験道案内

五来 重

角川文庫
15204

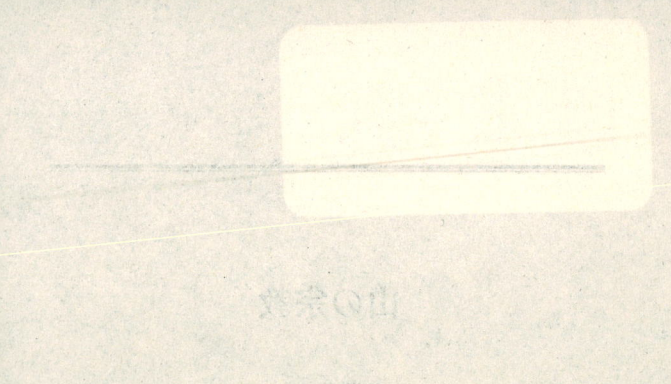

目次

編集協力／村上紀彦
地図作成／大友　洋

第一講　熊野信仰と熊野詣

熊野三山関係略図

(昭和五十四年現在)

熊野信仰の発祥

熊野《くまの》は、神々の信仰の非常に卓越した修験道の霊所でした。したがって本地仏《ほんじぶつ》はあるが神として拝まれており、その結果、近世に入ると紀州藩の宗教政策もあり、神道を表に立てるようになります。

ふつうは江戸時代に入っても、神社にはそれぞれ別当がおり、別当のほうが優越していて、神主というのは、ただ祝詞《のりと》をあげるときだけ頼まれる、というのが実態でした。経済的なものはすべて別当か神宮寺が握っており、神主はあてがい扶持《ぶち》だったのです。しかし歴史的には、中世の中ごろから神主側の巻き返しがあり、いわゆる伊勢神道というのが出《しゅっ》来《たい》、あるいは唯一神道、吉田神道というものになり、江戸時代に入ってから復古神道でもって仏教の地位を落としていく。それが結果として明治維新の排仏毀釈《はいぶつきしゃく》になったので、山伏も一時なくなるわけです。しかし、紀州藩の場合にも早くから神主を優遇して、神主のほうにいろいろな特権を与えてきました。

熊野三所権現は非常に神道的な要素が強いので、従来、熊野神道とよぶべきだと考えられていました。

熊野はたいへん景色のよいところで、昔から次元の違う世界と考えられていました。そして、熊野の話題というと、小栗判官《おぐりはんがん》の伝承と遺跡がある小栗街道であるとか、補陀落渡《ふだらくと》海《かい》とか、熊野別当とか、熊野比丘尼《びくに》とかいうもの、あるいは源氏とのかかわりもあります。

この熊野信仰についてはいろいろの発祥説があります。『日本書紀』には熊野橡樟日《くすひの》命《みこと》が出てきます。写本によってはこれはクスと訓《よ》んでいますが、楠《くすのき》の霊です。楠と梛《なぎ》が熊野の神木です。新宮あたりには大きな梛があります。あるいは小賀玉木《おがたまのき》というものも亜熱帯性のものですから、畿内《きない》地方にはあまり生えないが、熊野には生えている。そういう植物的な景観からいっても、熊野はどうも違った世界だと昔から考えられてきたのです。

そのほかにも『日本書紀』には、素戔嗚命《すさのおのみこと》の子供に五十猛命《いたけるのみこと》というのがいて、髭《ひげ》を抜いてこれを吹いたら木になったので、その木の種を熊野に蒔《ま》いたことが出てきます。紀国《きのくに》は、もとは木国といって木が多いということですが、和歌山市の東のほうの伊太祁曾《いたきそ》神社は五十猛命を祀《まつ》ったところで、木をもって神体とするところです。そのほかに伊弉冉尊《いざなみのみこと》のお墓があると、『日本書紀』に出ています。

熊野の発祥については、『長寛勘文《ちょうかんかんもん》』という論争がありました。甲斐国守《かいのくにのかみ》藤原朝臣忠重の目代右馬允《うまのじょう》中原清弘とその家来、在庁官人三枝守政《さえぐさもりまさ》などが甲斐国八代庄《やつしろのしょう》にあった熊野権現の神領を侵した。しかしその罪をきめるのに、熊野権現の神領を侵しただけならば軽い罪です。ところが熊野と伊勢が同体であるという理論が成り立てば、罪は重く、彼らは死罪になる。もっとも死罪を命ぜられてもせいぜい遠島になるぐらいですが。

そこで、その当時の学者に諮問を出した。昔もやはり諮問ということがあったとみえ、学者が七人選ばれた。もっと命じられたのでしょうが、回答したのは七人だったと思います。それでこの論争の中で、熊野の発祥の問題があらゆる角度から出てくる。『古事記』『日本書紀』『熊野権現御垂迹縁起《ごすいじゃくえんぎ》』『先代旧事本紀《くじほんぎ》』『延喜式』など、古代の史料がすべて引用されています。

結局、同体説が四人、非同体説が三人だった。多数決でやれば、当然、在庁官人は死罪になる。ところが太政官が判断して、数は少ないが非同体説を勝ちときめたのが結論になった。

『熊野権現御垂迹縁起』

この論争があったために、熊野の発祥についていろいろの史料が出てきました。その中には右でふれた『熊野権現御垂迹縁起』があります。この非常に荒唐無稽《こうとうむけい》に見える『縁起』は、少なくとも平安の末、長寛年間（一一六三―六五）には成立していた。おそらく平安中期までさかのぼるであろうと思われます。

その中で、熊野を開いた人は中国の天台山の「王子信」だといっている。天台山は仏教の山ですから、そこの地方の領主の王子であったかもしれないし、あるいは「王・子信」と読むのかもしれない。この人が日本へ渡ってきて熊野の神になる。いちばん最初は彦山《ひこさん》へ飛んできた、と書いてあります。『熊野権現御垂迹縁起』に、「往昔甲寅《きのえとら》年、唐の天台山の王子信の旧跡なり。日本国鎮西日子《ひこ》の山の峰に天降《あまくだ》り給う。その体八角なる水晶の石、高さ三尺六寸なるにて天下り給う」と、水晶の石になって飛んできたとある。

ずいぶん不思議な話ですが、これの意味するところは、仏教渡来以前から彦山なり熊野なりは開けていたという自己主張で、これがいちばん大事な点です。山岳宗教というもの、修験道というものの発祥は仏教の渡来とは関係がない、むしろ仏教渡来よりも古いということを言っているわけです。じつはそれは吉野修験の主張にもあります。吉野修験のほうは、その発祥を欽明《きんめい》天皇十四年に置いています。そんなにうまく合う話はない。欽明天皇十三年に仏教が伝来して、翌十四年、だいたい五か月ほどのちに、吉野のご神体の楠木《くすのき》が寄ってきて、それを刻んで「吉野放光仏」ということになって、吉野は開けたというのですが、これはだれが考えてもそうでしょうが、欽明天皇十三年としてしまうと、それ以前に仏さんがきていたというのはまずいことになるので、当時の『日本書紀』編纂《へんさん》委員会が考えて、せめて仏教公伝の次の年ぐらいにしようとしたのだと思います。とにかく仏教渡来以前から熊野は開けていた。

もう一つは同じ神様が彦山にも、石鎚山《いしづちさん》にも、いまでは修験道ではありませんが淡路の諭《ゆ》鶴羽《づるは》山にも、紀伊国の切部《きりべ》山にも、熊野新宮の神蔵《かみくら》山にも行き、それから新宮の飛鳥《あすか》社にも行き、最後には本宮の「大湯《おおゆ》原《はら》」というところに行って、三つの月形になって木にぶら下がっていた、と書かれています。「壬午《みずのえうま》年、本宮大湯原の三本の櫟《いちい》の木の末に三枚の月形にて天降《あまくだ》り給う」。だれが見たのかしりませんが、とにかく天降った。そして八年経てはじめて狩人《かりうど》がこれを見つけた。

熊野本宮大社（和歌山県本宮町〈現、田辺市〉）

狩人がこれを開くということは、熊野修験道の発祥を考えるうえで非常に大事なことですが、熊野部千与《ちよ》定《さだ》という犬飼い、つまり狩人が猪を追って行き、猪が倒れたところが櫟の木の根本だったので、そこで猪の肉をとって食べながら、木の下にひと晩宿っていたら、三枚の月形が見つかった。訊ねてみたら、「われは熊野三所権現なり」と言った。「一社を証誠《しょうじょう》大菩《ぼ》薩《さつ》と申す。いま二枚の月形を両所《りょうしょ》権現となん申し仰ぎ給う、云々」こういうふうに書いてあります。

ここで「両所権現」といっているのは、新宮と那智《なち》です。そして平安の中期には「三所」といっても、じつは別々に発達したもので、ほんとうは本宮、新宮、那智、これが三山として構成されておった。別々に発祥したものが三つになっていた。

また大峯《おおみね》にはたくさんの山があります。山上ヶ岳、大普賢岳、弥山《みせん》、明星ヶ岳、釈迦《しゃか》ヶ岳、笠捨山、地蔵岳、次第に熊野へ近づいていきます。これらの山全部は別々に発達したものです。

原初的には、それぞれ麓の民がこれらの山々を自分たちの先祖の霊のいく山、「神奈備《かんなび》」として拝んでおったものが、大峯・熊野両方の山伏がだんだんと勢力圏を拡大して、点を線で結んだのが「大峯修験道」だというふうに考えるのです。これと同じように本宮、新宮、那智の三つはもとは別々だったのが、それぞれの修験集団の中で、お互いに提携して宣伝しようではないかということになって、ちょうど三十三か所の観音さんのお寺が別々にできたものを、いっしょにして西国三十三か所観音巡礼が始まるように構成されていった。その時期は平安中ごろであると推定されます。

宗教界の覇者

それと同時に、彦山も石鎚山も諭鶴羽山も熊野も全部一つの神様であるという主張が、

『熊野権現御垂迹縁起』の中に出てくるわけです。ということは、熊野の勢力がこういう山々をすでに支配下に置いていたということです。いちばん最後にとどまった熊野が、彦山も支配しておった。石鎚山も支配していた。そして淡路の諭鶴羽山も切部山も支配していた。そしてそれ以後は全部熊野の勢力圏です。そのほかに伯耆《ほうき》大山《だいせん》なども支配されていた形跡があります。

それはまた伯耆大山のところで申し上げますが（第七講）、天の「兜率天《とそつてん》」というところの片隅が欠けて、日本の国へ落ちてきて、三つに分かれた。一つは熊野になり、一つは富士山になり、一つは伯耆大山になったということを『縁起』でいうわけです。こういうと非常に荒唐無稽なようですが、この三つが山伏集団として提携しておったことも、ここから読み取らなければいけないわけです。ぜんぜん関係がないのだったら、あそことここは兄弟の石だというはずはありませんから。すべてこういう『縁起』というものの読み方は、その背後にある歴史事実を読まなければならないだろうと思います。しかもそれを独断ではなしに、他の傍証史料をつけて解釈していかなければならないわけです。

狩人がこのように山を開くということは、山中生活の人々が山の神を祀っておったからです。その祀りが麓の人々によって信仰されたときに、この山の開山は狩人であったということになるわけです――それはたくさんの例があってそういうことがいえるわけですが――。ですから『熊野権現御垂迹縁起』を例にとりますと、すでに平安の中ごろには、熊野に三山信仰ができていた。しかも非常に遠方のところまで、その勢力範囲に収められていた。

修験道の歴史は、調べるといろいろの不思議なことがわかってくる。要するに、いわゆる表の歴史であるわれわれの歴史の裏に、宗教者、とくに山岳宗教者の歴史があることがわかってきますが、第七代目の増慶という熊野の別当が彦山へ行っていることもわかっている。彦山のお祭りはすべてが熊野ふうにできております。さらに烏の問題もあります。第七代目の増慶と彦山の第十一代目の増慶とは同じ人物である、といわれています。そういうふうに彦山のほうがもうすでに勢力下に入っているということで、これは非常に大事なことです。宗教界を制覇したのは熊野だったのですから。ちょうど源頼朝《よりとも》が全国を制覇するのと同じように、もう少し古く宗教界の覇者があったわけです。それで熊野のいろいろの信仰や行事や神様を、みな押しつけていたわけです。

現在、全国で三千社ぐらい熊野社が数えられますが、とてもこんなものではない。昔はその十倍も二十倍もあったと思います。排仏毀釈《はいぶつきしやく》以後に、那智大社の調査で三千社あるとリストアップされていますが、いちばん南のほうでは、もう鎌倉時代に沖縄に入っております。だからどんなに勢力を拡めたかということがわかると思います。沖縄では、一宮《いちのみや》に当たる波之上宮《なみのうえぐう》という那覇《なは》のお宮が熊野神社なのです。南西諸島にもずっと拡がっています。そういうことで熊野は、一時期、宗教界の覇者であった時代があると考えられるわけです。

熊野の秘密、三川合流の地

熊野本宮大社の旧社地
（和歌山県本宮町〈現、田辺市〉）

現在の熊野本宮は、もと祓戸王子《はらいどのおうじ》という王子のあったところです。本社のすぐ裏のところに祓戸王子跡が遺《のこ》っています。熊野道者がそこでお祓《はら》いをしてから山を下ると、ちょうど祓戸王子の上から熊野本宮の旧社地が見えます。いまの熊野本宮のところからはちょっと見えないが、祓戸王子の上からいくと、じつにきれいに見えます。ほんとうはあれが熊野本宮だったのです。

明治二十二（一八八九）年に旧社地は大洪水にあって、熊野川の氾濫で社殿の屋根が隠れるくらいまで水が上がった。それで、これはたまらないというので、現在地に移したのです。いまはダムができて氾濫しないですけれども、惜しいことをしたものだと思います。そのもとのところを熊野本宮社の「大湯原《おおゆはら》」といっています。そしてそこで川は非常に広くなります。なぜ広くなるかというと、三つの川がここで合流するからです。

熊野の秘密はこういう三川合流点にあります。ここは音無《おとなし》川と熊野川と岩田川という三つの川が合流するので、こういう中州ができた。ですから、昔から洪水になれば水につかっていたのだと思いますが、しかし、そういう、つかるところだから新鮮だったと思います。そのたびごとに新たになりますから。

「大湯原」というのは、湯の峰だろうという人がありますが、じつは湯というのは清める、潔斎するという意味です。湯川《ゆのかわ》という名前があるからお湯が出たのだという人がいますが、そうではない。そこの川でお清めをするからです。潔斎の斎をユと訓《よ》みます。イとも訓みますけれども、清める意味の言葉です。斎日《ゆのひ》というと潔斎することです。

そういうふうに水の中に浮かんでいるので、ここへ渡るにはどうしても水の中を越えていかなければいけない。これが「ぬれわらじの入堂」といわれたものです。濡《ぬ》れたままで音無川を渡るのですから。江戸時代には紀州家の寄進によって橋が架かっていたけれども、それが壊れたままになっています。いま旧社地へ行こうとすれば、川にあまり水はないので濡れるほどではないけれども、とにかく徒渉しなければならない。そこへ行ってみると、じつに別天地のような清浄な世界です。そういう水を隔ててある世界というのは、いつも穢《けが》れがない、きれいなところということになっている。その三つの川の合流したところが

「大湯原」です。そこで熊野の神が見つかった。

『熊野年代記』『熊野之本地』

『熊野年代記』の成立は、だいたい室町の中ごろとだ思いますが、この『年代記』には熊野を開いた裸形《らぎょう》仙人という人が出てくる。裸行上人とも書きます。いつも那智の滝の下で裸で行をしているというので、この場合には那智がいちばん早く開けたという主張になります。

この裸形仙人にはおそらく妻子があったとみえ、その子孫が米良《めら》氏という家で、いまも続いています。米良さんというお医者さんがおりますが、文書もたくさん持っている家です。この米良氏は山伏としては実報院《じっぽう》で、もう一つ潮崎《しおざき》という家があり、熊野の那智はこの米良と潮崎という人でもっていた。潮崎のほうは、尊勝院《そんしょういん》というお寺を持っている。これは現在、青岸渡寺《せいがんとじ》を管理し、宿坊を営んでいるほうのお寺です。当初はこの両方から一人だけ、結婚していない坊さん、「清僧《せいそう》」というものを出して交互に別当をしたのです。のちには妻帯者の別当になりますけれども。しかし、家を続けさせるためにはやはり結婚して子供を生み、そしてその中の一人だけを清僧にするというふうなやり方をしてきたわけです。

それから『熊野之本地』という縁起に、熊野の発祥のことが書いてある。『熊野之本地』

は善財王という摩訶陀《まかだ》国の王様に千人の女御《にょご》がいて、その中でちょうど千人目の女御に当たる五衰殿女御を王はたいへん気に入り、はじめて新王という子供が胎内に宿る。そうすると、あとの九百九十九人の女御たちがたいへん彼女を憎み、いろいろ讒言《ざんげん》をして、五衰殿女御の生んだ子供が成長すれば父を殺す、国も乱れると言いふらして、女御を山へ棄て殺すが、その殺した腹から新王が生まれて、女御の弟に当たる、新王にとっては叔父に当たる山の中で七歳まで育てられたときに、狼や猪や熊に育てられるという話です。ちけん上人という人が、夢に自分の甥《おい》が山中にいることを知り、これをたずねて拾い上げて王の跡継ぎにする。

それから先が面白い。たいていの「御伽《おとぎ》草子」には、インドのこととして、こういう継《まま》子《こ》いじめの話、あるいは嫉妬の話がたくさんあります。そして最後に、こんな国はいやだから、ほんとうの仏教の行なわれる国へ行きましょう、といって日本へ渡ってきたという話になります。これがどの話にもついている。ということは、中世の人々は、日本がほんとうの仏教の行なわれている国だと思っていたのです。これは誇大妄想でもなんでもないと思います。

ところが、排仏毀釈から仏教が立ち直るために、だいたい明治三十年くらいから、仏教統一論というのが出てきて、仏教というのはインドの根本仏教が正しい、たくさんの宗派が一つになるためにはいちばん大本《おおもと》へいかなければならないので、天台宗を取り上げてもいけないし、真言宗を取り上げてもいけない、浄土真宗を取り上げても他の宗派が全部反対しますから、だれも反対しないところの根本仏教というものにいくと、宗派がみんな一つになると考えた。

そういうことで、教育機関が根本仏教ということをいった。さらに十八世紀からイギリスやフランスはインド統治の必要上、インドのいろいろのマンスピリットを研究しているうちに、梵文《ぼんぶん》研究が盛んになりました。向こうの学者と日本のそういうインド仏教を研究する人たちの交流の中で、仏教はインドのものだと思われだしたのです。

しかし、インドの仏教と日本の仏教とではまったく違う。インドの仏教が正しいのなら、日本の仏教はみんな偽物です。日本では僧侶が妻帯しています。一部のお寺の住職以外は、民間のものは妻帯している。実際に妻帯しておった。それでいて、しかも天台宗の偉いお坊さんでも、日本というのはほんとうの大乗の行なわれる国だということを堂々と書いています。大乗がほんとうに成熟した国だったから、インドの大乗仏教というのは、あれは生《なま》だというのです。まだ熟してない、青くさい、と。

そういう主張が民間にもたくさんあって、インドの話としていやな話を述べておいて、最後に日本が出てくる。そして日本へ着いて、祇園精舎《ぎおんしょうじゃ》上人が本宮の神になる、それから王子が新宮の神様になる、というところまで書いて、そのあと那智のことは書かないのですが、那智は女の神様ですから、おそらく五衰殿女御を那智に当てておったのだと思います。ところが王も王子もみな日本へ渡ってきたので、あとの九百九十九人の女御たちもその後を追って日本へやってきた。そして熊野の街道に生えているイタドリについている赤い虫になったと書いてある。なるほど、イタドリの葉の裏にも赤い虫がついております。そういう話ですが、この場合、インドから熊野の神様は来たという主張が、やはり出ていると思います。

法華経の実践

そこまでは神話であり、お伽噺《とぎばなし》なのですが、『日本霊異記』になると、ほんとうの熊野が出てくる。

『日本霊異記』は弘仁年間（八一〇—八二四）に書かれたものですが、じっさいには奈良時代の話はみな年号なり、その時代の天皇なりを挙げて物語が書かれており、奈良時代の庶民仏教の唱導に使われたものです。その中に「南菩薩《みなみ》」永興《ようこう》という人の話が出てきますが、それによると、熊野が中央に知られたのは那智からということになります。この永興という人は、「南菩薩」とよばれたくらい海岸の人々の教化《きょうけ》につくした庶民仏教者でしたが、法華経を実践する坊さんだった。法華経は、修験道と仏教との関係で、密教よりはじつは関係が深い。法華経の内容を山の人たちは知らなかったのです。一般の人も知りません。その中に書いてあるいくつかの寓話《ぐうわ》を知っているだけのことです。その中でいちばんよく知られたのは、第五巻の「提婆達多品《だいばだつたぼん》」です。そこでは、女性が穢れがなくなると成仏をする、まあ女性の後生というのが書いてあるのですが、それがなくなればまず男性になります。変成男子《へんじょうなんし》といいます。そして禅定《ぜんじょう》に入ると仏になる。これを龍女成仏《りゅうにょじょうぶつ》といいます。

別のことでまたお話をしたいのは、じつは浦島太郎の龍宮は変成男子龍女成仏から出るのです。そのことはいろいろと証明できます。浦島太郎の話は『日本書紀』雄略《ゆうりゃく》天皇の二十二年の条に出てきます。また『万葉集』や『丹後国風土記』にも出てきますが、そこでは龍ということはいわない。龍というのは、この「提婆達多品」の中に娑羯羅《しゃがら》龍宮というのが出てくる。南の海の中の王国の王様である。そういうことで、浦島太郎と龍宮の必然的な繋《つなが》りは、むしろ法華経から出ていると思っていいと思います。

法華経の話をすると長くなりますからいたしませんが、この法華経を実践するということは、罪を滅ぼすこと、穢れを祓《はら》うことです。それがかなり普遍化した段階が奈良時代で、法華経をもって滅罪する、罪を滅ぼすということで、法華滅罪の寺という名前が起こった因であるというふうに私は考えております。国分尼寺というのは法華滅罪の寺である。

山伏は、自分の罪を滅ぼすと同時に、自分の信者たち、あるいは自分が属している共同社会の人々の罪を全部背負って自分が苦行し、ある場合には、命を捨てて罪を滅ぼすのだと考えている。この考え方から、法華経を読むことは、すなわち苦行することであるというふうに考えたわけです。ですから日蓮が迫害に遭えば遭うほど法華経を読んでいる、といったことと同じです。苦しみをなめればなめるほど罪が滅びる。滅罪というのは、ただ口で滅罪の真言を唱えたり、滅罪の経文を唱えることではなくて、自分の身を苦しめることです。この滅罪の論理は、また別に述べる機会があると思います。

そういうことで永興が苦行していると、禅師になる一修行者が、小さな法華経を背負ってきたと書いてあります。山伏は八巻ある法華経を、小さな細字の一巻の法華経に作り、自分の笈《おい》の中に入れて持って歩いている。

それを持って、一年間、永興のもとにとどまっていましたが、あるとき「自分は山の中に入りますから」と永興に言って、そこを辞した。「それでは、お供の道案内をつけましょう」と永興は言って、干飯《ほしいい》を三升持たせ、二人の山伏をつけて山の中に入らせた。ところが途中で山伏はお供の人に、その三升の干飯を「お前たちにあげるからここで帰れ」と言う。そのときに怪しいと思えば怪しいんですけれども、そう言われたものだからお供の人は米をもらって帰ってきてしまう。

それから三年経ちまして、熊野の山の中で、村人がどこからともなく法華経を読誦する声を聞いた。これを永興に告げると、永興は予期していたようにその場所へ行って、断崖の巌《いわ》に麻縄の一方を縛り、他方を足に結んで宙吊りになった白骨の遺骸を見つけた。その持参の白銅水瓶からさきの禅師であることを知った。これで法華経を読誦する者は、死んでも舌が腐らないという霊験がわかったというのです。

このように、山伏にとって最高の行は、自分の身を捨てて、すべての人の穢れを自分が背負って死んでいくことにあるわけです。したがって、熊野では捨身《しやしん》ばかりでなく、火定《かじよう》といって焼身もあった。

こうして那智山とよばれたのは、いまの那智の滝ではないということがわかった。法華経の名前を背負っている那智の山は「妙法山」といって、いま有料道路で上まで行ける山ですが、海が一面に見渡せる。海からもまたそこがよく見える場所ですが、そこが那智の発祥です。法華経の実践者が那智の修験道を開いたことは、この『日本霊異記』の話からわかる。

また沙門《しやもん》応照は「熊野奈智山の住僧なり、ひととなり性精進に稟《う》けて、さらに懈怠《けたい》なし。法華を読誦《どくじゆ》するをその業となし、仏道を欣求《ごんぐ》するをその志となして、山林樹下を棲《すみか》となし、人間の交雑を楽《たのし》まず。云々」といい、法華経の喜見菩薩焼身燃臂《ねんぴ》を恋慕随喜して、ついに発願《ほつがん》して、「我薬王菩薩のごとく、この身を焼きて諸の仏に供養せむ」といったという。

これは法華経の実践をしたということですけれども、いちばん最後のところに、「これ則《すなわ》ち日本国最初の焼身なり。目のあたり見、伝聞する輩、随喜せざるはなし」と書いてある。『本朝法華験記』という、法華経を実践することにあたって、いろいろの奇瑞《きずい》を顕《あら》わした人々の伝が年代順に書かれており、第九ぐらいですと、だいたい平安初期の人であるということが、年号は書いていないけれどもわかる。奈良時代には永興があり、平安初期には応照があり、いずれもその禅師もしくはその人自身が捨身や焼身をする。那智はそういうところでした。

熊野は死者の国

熊野信仰の発祥を、また宗教史的に、あるいは民俗学的に見ていくと、熊野は「死の世界」「死者の世界」ということです。死者の魂がそこにいる。その宗教観念がまず先行した証拠には、そこには伊弉冉尊《いざなみのこみと》の陵があると考えられていた。ところが伊弉冉尊は火の神を生んだときに、その火に焼かれて死にました。『古事記』には、その墓は伯耆《ほうき》と出雲《いずも》の境にある比婆《ひば》山であると書かれていますが、それに対して『日本書紀』には熊野の有馬《ありま》村であると書かれていて違っています。この違っているのが、じつは伊勢・熊野非同体説のいちばんの根拠になるのです。だから熊野に陵があるというのはあてにならない。

こういうふうに『古事記』に比婆山とあることが非常に強力な非同体説になるのですが、伊勢の神の母神の墓が熊野にあるという信仰が、つまり伊勢と熊野とを結びつけた。熊野は最初は伊勢から参詣したのです。平 清盛《たいらのきよもり》も伊勢守《いせのかみ》で、伊勢から熊野へ渡る。そのときには船で渡ったので、その船にボラが飛び込み、それが出世の前兆であったということが書かれています。伊勢から詣《もう》でるのが最初の詣《まい》り方です。

そして後には「西熊野街道」とよばれる、いわゆる「小栗街道」ともいわれる道になり、京都から大坂、大坂から真っ直ぐに南下して藤代《ふじしろ》（いまの海南市）へ出て、それからこんどはまた海岸に沿って真東に行く。そして田辺《たなべ》から二つに道が分かれて海岸を通って那智へ行くのを「大辺路《おおへじ》」といい――辺路というのは海岸の道という意味です――大辺路が本道だったと思いますが、のちに本宮を中心にするようになると、「中辺路《なかへじ》」という、田辺から山の中へ入っていって、音無川へ出て、音無川を下って、そして本宮へ出る道が主なる道になります。

上皇のお詣りはみなここを通るので、この中辺路を通ると、道のないところも通る。ですから藤原定家の日記を見ると、川を、石を跳びながら渡ったとある。定家はそのときにちょうど熱を出したので、人に担がれて川を徒渉しましたが、水の中を歩くというのは、やはり穢れを清める一つの方法だったわけです。いまでも登山する人は沢歩きを喜びますけれど、昔は穢れを祓う一つの方法だったのです。

中辺路のほうは本宮に直接詣って、それから新宮へ出て那智へ行く。那智からもう一度「大雲取」「小雲取」という道を通って本宮へ行く。そして全部満願になったお祝いが湯ノ峯温泉で行なわれる。それから中辺路を同じように京都へ帰ってくる、というのが貴族のお詣りする道です。しかし、伊勢から詣るほうの「東熊野街道」がもとの道だったのです。

そういう意味で伊勢の母神が熊野にある。

ところがこの伊弉冉尊の伝説ができると、じつは別に発祥したと思われる新宮が、こんどはその伝説に入ってしまう。

伊弉冉尊が火の神に焼かれて亡くなって、熊野にお墓がつくられたときに、『古事記』『日本書紀』では、死んだ妻のいる黄泉国《よみのくに》へたずねていった夫の伊弉諾尊《いざなぎのみこと》が黄泉醜女《よもつしこめ》に追われて、この世に逃げ帰ってきます。そして千引岩《ちびきのいわ》というものを立てて、黄泉国の八雷神とか、黄泉醜女というような鬼のようなものをここで防いだ。それを伊弉冉尊が追いかけてきて、自分の恥ずかしい姿を見られたので、その復讐《ふくしゅう》に一日千人の人を殺してやる、と言った。そうしたら伊弉諾尊のほうは、自分は一日に千五百人生ましてやるといった。

そのように、穢れを祓うときに、いろいろ神様が出てきます。住吉の大神もそのときに出てくるのですが、穢れを祓ったときに出てくる神様です。そのときに唾《つば》を吐いた——穢れを祓うときに唾を吐くわけです——その唾から生まれたのが、この新宮の「速玉神《はやたまのかみ》」である、というふうに伊弉冉尊の話につけて速玉神という熊野神道の神様が出てくるわけです。

しかし、この発祥として、私が「死者の国」と言っているのは、ここに水葬儀礼があるからです。だいたい、那智のほうも「補陀落渡海《ふだらくとかい》」というものがあります。これについては三島由紀夫や井上靖が書いていますが、実際は水葬で、死んだものを船に乗せて目張りをして放してやる。原始的には那智の沖に沈めたものと思いますが、水葬儀礼というのは沈めるもので、流すものではない。補陀落船というものを沖まで曳《ひ》いていって、そして船の底にあいた穴の栓を抜いて沈めてしまうものだと思います。補陀落渡海には、そういう船を沈める例があるので、おそらく水葬だろうと思います。

本宮のほうにも水葬と思われるものがあります。先ほど言った三川が合流する熊野川の主流をなす熊野川は北から流れてきますが、その上流に十津川《とつ》がある。この十津川が熊野川の支流になり、本宮から下へ行き、北山川と合流して、そこで熊野本流ができるわけです。この十津川に水葬伝承がある。河原に河原墓という墓を作ります。洪水がくると、墓はすっかり流れてしまって白骨が散乱するという。それでもなおかつ、次の仏さんをやはりそこへ埋めるのです。宮本常一氏が、以前十津川から天川《てんかわ》の調査をした採訪録の中に、自分はここで水葬のことを聞いたが、あまりに不思議な話だからあとから来る人はもう一度調査してほしい、とわざわざ書いています。そのくらい日本には古くから水葬・風葬という習俗があったことは疑いがない。

妙法山阿弥陀堂の「無間の鐘」

樒山、妙法山

そういう水葬・風葬が熊野ではのちまで遺《のこ》った。

それから風葬の清掃者といいましょうか、烏がいます。もともと烏は熊野にとっては必要な鳥だったのです。のちになると人が死にかかると烏が鳴くというふうに、死と結びつけた物語だけになりますが、もともと風葬ですから烏は人が死ぬのを待っているのです。そういうことから烏鳴きというようなものも伝わってくるので、熊野と烏はこの問題からアプローチできます。

それから熊野には古墳がないのです。近ごろ田辺付近で一つ二つあるといわれていますけれど、熊野プロパーにはない。そういうことも風葬を裏付けるものです。熊野の牛玉宝印《ごおうほういん》といえば、烏ときまっておるわけです。そして熊野の妙法山には死んだ人の霊がみないくわけで、人が死んで枕飯を炊く間、死者は枕元の一本花の樒《しきみ》の枝を持って熊野の妙法山へお詣りする。そのお詣りした印に「無間《むげん》の鐘」といわれる鐘がありますが、あれを樒で叩くので、妙法山には人の影がないのにときどき鐘の音がするということを『紀伊続風土記』にも書かれていますが、そういう伝承ができてくる。

ところが、烏を書いた熊野の起請文《きしようもん》に約束を書いて、もし背けば、そのたびに熊野の烏は一羽死ぬというのも、そういう死者と熊野と妙法山の神との関係を表わしたものです。それで熊野の中州と十津川の水葬、それから補陀落渡海、それから狩人も山の司霊者といわれるように、死者の霊は山へいきますから、その霊を祀る宗教者として狩人がいたわけです。そういう人が修験道の山の開創者になるということ、それから麓《ふもと》の人々の霊が山の頂上にとどまっているとする神奈備《かんなび》信仰があった。

こういうことで熊野は「死出の山路」であるという歌がたくさんできます。

　熊野路をもの憂き旅と思ふなよ
　　死出の山路で思ひ知らせん

という歌が妙法山のご詠歌です。ですから妙法山から雲取を越えていく道は、もとはたいへんな道でした。

そういうことで「死者の国」である妙法山には納骨が行なわれる。

現在では三重県と和歌山県の信仰圏の人が納骨をしています。妙法山の裏山ですけれども、あのへんで一番高い山は妙法山の樒山《しきみやま》です。この頂上にお堂があり、これが釈迦《しゃか》堂である。釈迦堂であるということは法華経の教主です。しかし、いまはお寺は阿弥陀寺と称しております。この樒山の妙法山の信仰が、妙法山へ入るための潔斎の場所としての那智——滝の周辺です——にとられてしまうと、こちらのほうを復興しようという人が出てくるわけです。いまは国家神道以来、とても那智大社にかないませんが、中世にはこれを復興しようという人が出た。話せば長くなりますが、日本の禅宗の大立物で、建仁寺をつくった栄西の孫弟子に当たる法燈《ほっとう》国師です。この人が熊野の妙法山信仰というものを開こうとしてつくったのが、現在の阿弥陀寺です。

それから自分の母を新宮に置いた。新宮ではその寺を妙心寺といいます。現在では男僧《なんそう》のお寺になっていますが、江戸末期までは尼僧で、これが熊野比丘尼《びくに》の本寺のひとつです。母をそこへ据えたので、鎌倉時代からずっと尼寺として伝わってきて、江戸初期の徳川家光の頃には、伊勢の勧進比丘尼のお寺である慶光院とここにきょうだいの人が六条家から入ります。

そういうことで妙法山というのは、もともとはそこに修験道が発生したけれども、熊野の信仰が神道に傾いたために、那智の神社のほうがその主導権を握ってしまった。こういうふうに考えられたらいいかと思います。

三所権現

「日本第一大霊験所・根本熊野三所権現」という札が、那智にも本宮にも新宮にもかかっています。

いわゆる三所権現というのは本宮、新宮、那智です。本宮の十津川の下流に当たる砂州は、おそらく水葬されたものが流れ寄るところであったのではないかと思います。そういう死者の霊は、祀れば豊作をもたらしてくれたり、豊漁をもたらすという信仰があるから、祀らなければ祟《たた》るし、祀れば恩寵《おんちょう》の神になるということで、食物の神様になる。

これを「家津御子神《けつみこ》」といいました。ケというのは食物ということです。ツはノです。それで家津御子は食物の神という意味です。その地方の人々にとっては食物を与えてくれる神だったのを、『日本書紀』のほうで素戔嗚尊《すさのおのみこと》としてしまった。家津御子神という名前ものちになって出てくるので、平安時代ぐらいですと、熊野にいます神というだけで固有名詞がない。熊野坐神《くまのにますかみ》、とだけしか書いてない。それを地方の人々はお詣りすれば豊作になるというので、家津御子という。室町時代頃からは素戔嗚神というふうになった。これは亡くなった人の往生を確かめてくれる神様というので、阿弥陀如来《あみだにょらい》になる。ですから往生を証明する神ということで、ここを「証誠殿《しょうじょうでん》」といいます。平安の頃から証誠殿という名前はもうできています。

それから新宮は伊弉諾神である。「熊野速玉神《くまのはやたまのかみ》」というから伊弉諾神であるということになって、本地は薬師如来である。

那智のほうは「熊野夫須美神《ふすみ》」といわれましたが、夫須美というのは結びということで、生むことである。あるいは産《うむす》びといい、生むということです。したがってこれは、伊弉冉神であるということで、本地は千手観音であるという熊野神道ができてきます。

そうすると、素戔嗚神と天照大神《あまてらすおおみかみ》が伊弉諾、伊弉冉尊の子で、相反する徳を持っていたので、天照大神を若宮にあてました。しかし若宮というのは、かならずしもこういう神様ではない。これも最近では常識になってきていることですが、若というのはむしろ祟るという意味です。

熊野の眷属

熊野十二所権現というのは、十二所といって――たとえば東京の新宿あたりには十二社《そう》というところがありましたが――熊野を祀っていたのです。ところが山の中で十二所といっているのは、熊野ではなくて山の神さんです。山の神さんというのは十二か月で祀るから十二所といわれるので、すべて熊野というわけにはいきませんけれども、熊野十二所ということになると、熊野を持っていったところです。熊野三社といったり、十二所、十二社といったりしています。それから飛鳥神社もそうです。

王子社というのもみな――東京には飛鳥も王子もありますが――熊野信仰です。いろいろ熊野の名前を持っていくわけで、厄疫《やくえき》王子社なんていうのが京都の東山にあるのも、熊野を移したものです。

その十二所の中の神様はかならずしも明らかではありません。これは熊野神道としてはたいへん困っている神様が多いのですが、私の解釈では「禅師宮《ぜんじのみや》」はある山伏を祀ったものでしょう。禅師というのは山伏の異名です。

聖《ひじり》というのは、聖なる火、不滅の火を治める人という意味ですから、非常にすぐれた古代宗教者を祀ったところであろうし、「児宮《ちごのみや》」というのは託宣をするお稚児《ちご》さんです。昔は稚児を神として祀りまして、憑坐《よりまし》といい、それに神様を憑《よ》り付けて託宣を聞くというのが稚児の意味だった。児宮というのは、そういう意味での託宣の稚児です。

そういう熊野三所にお供をする眷属《けんぞく》の神様は、おそらく「十万宮」、もしくは「一万宮」とよばれたのであろうと思います。

それから「子守宮」とよばれているのも、吉野子守神社というのがあり、こういう字を書いたので豊臣秀吉もたいへん信仰して、自分も子供がほしいので、子守明神に願をかけて子供を授かったと思っていたのですが、これはほんとうは参籠《さんろう》するお宮です。籠《こも》るお宮です。そこで穢《けが》れを祓《はら》うために参籠するお宮、潔斎宮です。

「飛行夜叉《ひぎょうやしゃ》」というのは、おそらく天狗《てんぐ》であろうと思います。夜叉というのはインドの恐ろしい神ということですが、日本へきますと天狗です。天狗のことを、また一名では護法《ごほう》といいます。護法飛行夜叉、例の『信貴山《しぎさん》縁起絵巻』には、護法というのが雲に乗って飛んでいる図が描いてありますけれど、実は平安時代までは天狗というのは鼻が高くはなかった。要するに天狗というのは童子というものです。童子ということは、修験道のほうからいえることですが、山伏のお供をするもの、のちにふつうのお坊さんでも、身の回りの世話をする人のことを童子といいますが、かなり年取った童子もおるわけです。

米持《よねもち》童子もおそらく護法であって、私はこれは飛鉢《ひはつ》の童子であろうと思います。これも修験道、山伏の問題としてたいへん大事な問題なのですが、山伏というのは山の中におって生活するために、鉄鉢を投げるとそれがどこかへ飛んでいって、そしてお鉢にものを入れて帰ってくる、という話があり、だんだんこの話に尾ひれがつきますと、浄蔵貴所《じょうぞうきしょ》という人が、鞍馬の奥で飛鉢をしていたら、二、三日からっぽで鉢が帰ってくるので不思議に思って、山の上にあがって見ていたら、別のほうから鉢が飛んできて、それが自分の鉢をあけて帰っていった。それでそのあとをつけていったら修行者がおったので、返してくれというと、なにか呪文を唱えバァーッと火が燃えて入れなかったという話など、まことしやかに『古今著聞集』や『十訓抄』に書いてあります。だんだんと尾ひれがついたのですが、実際は従者にあたる者が里までお米を取りにいっていたのだと思います。いかにも常識的な話になってイメージをこわすかもしれませんが、そういうものがいなければ山中修行はできない。やはりそういう者がいて、はじめて山中修行ができる。歴史は、そういう常識まで物語を戻していって、そして解釈しなければいけません。

有名な「九十九王子」は、現在のところ九十一、二しかわかっておりません。おそらく、たくさんあるということだろうと思います。いちばん最後の本宮を百に数えると九十九あったということになる。あるいはもっと多かったかもしれません。この王子社は、社殿を持っていないもののほうが多い。いわゆる森だけです。これは古い神の祀り方です。その中で社殿を持っている社が五つあります。稲葉根王子、藤代《ふじしろ》王子、切目《きりめ》王子、滝尻王子、発心門《ほっしんもん》王子で、五体王子といって、熊野詣《もう》でをする人は特別にここで潔斎をしながら詣っていきます。

熊野別当の系譜

熊野別当は弘仁三（八一二）年の快慶から始まっているといわれています。要するに山伏の中の一番勢力のあるものが別当になっていったのですが、この別当の系図を見てわかることは女系相続であったことです。古い家は意外に女系相続です。『源平盛衰記《げんぺいじようすいき》』の中に、白河上皇が熊野詣でをした時に三山検校《けんぎよう》をはじめて置いたのですが、そのときに熊野別当に妻があるかと訊《き》いた。ないと答えたら、ないといけないので持ちなさいと言われて、それから妻を持つようになったと書いてあります。

しかしずっと血縁相続はあった。しかも血縁というのは、女子《むすめ》に養子をとって継がせていた形跡がある。白河上皇の仰せによって、仏前に花を挿していた別当家の女子を山伏の長快に妻合《めあ》わせて長快を別当にしたといいますから、まあ、おめがねにかなって養子になったということです。そしてできた子供が十六代、十七代の長範、長憲だと思われますが、これは『熊野年代記』以外に出てこないのでわかりません。

『年代記』では立田御前《たつたごぜん》というのが出てくる。これがいまの新宮の丹鶴《たんかく》城跡に立田薬師として祀られています。立田は鶴田と書いてタッタというふうにいっていたが、この立田御前と源為義との間にできたのが鳥居禅尼です。だから記録の上では「立田腹の女房」というのは立田御前の腹に生まれた女房という意味で、これは『吾妻鏡《あずまかがみ》』に出てくる女の地頭です。

ところが源為義《みなもとのためよし》には立田御前以外に都に何人もの妻があり、その中の一人が義朝《よしとも》を生み、木曾《きそ》義仲《よしなか》の父親の義賢《よしたか》を生み、そして義憲を生む。その義朝から頼朝《よりとも》が生まれますから、鳥居禅尼は頼朝のおばになります。義仲にとってもおばになります。そういう、源氏が勢力を得るにつれて、たいへんな甥《おい》を持ったわけです。その頼朝の妻に政子がいるわけです。政子は自分のご主人のおばさんですから、たびたび熊野へ訪ねていった。そして彼女が献上した大きな湯釜《ゆがま》も現在、本宮に遺っています。

その鳥居禅尼は最初、湛快《たんかい》を婿養子にします。養子になった者が、別当の世代を継ぐのです。だからこれは明らかに女系相続です。そして湛快との間に湛増《たんぞう》と女の子が生まれる。それからそれと別れてから、こんどは行範というものと結婚した。湛快、湛増のほうは、本宮におった。この頃は田辺に本宮の別当屋敷がありました。そして田辺に水軍もおったわけです。熊野水軍です。そこに湛増がおって、例の壇ノ浦に参加するわけですが、鳥居禅尼は行範と結婚してからは、新宮の鳥居の横に屋敷を持っていたので鳥居禅尼とよばれていた。

それで、そこにどういういきさつがあったのかわかりませんが、湛快の子供と行範の子供たちは相反目するようになった。これにはことによると、その下の女子の問題があるかもしれません。ということは湛快の子供の湛増の妹は最初、行快と結婚します。父親の違う兄妹婚です。それで行快と別れてから薩摩守忠度《ただのり》と一緒になる。忠度自身は清盛の父、忠盛が熊野から出て都で仕えておった女性に生ませた子供で、その母について熊野で育ちます。「忠度は熊野育ちの大力なれば」と一ノ谷合戦のところに書かれています。こういうことが、一つはあったかもしれませんが、両方相反目して、最初は湛増は平家について

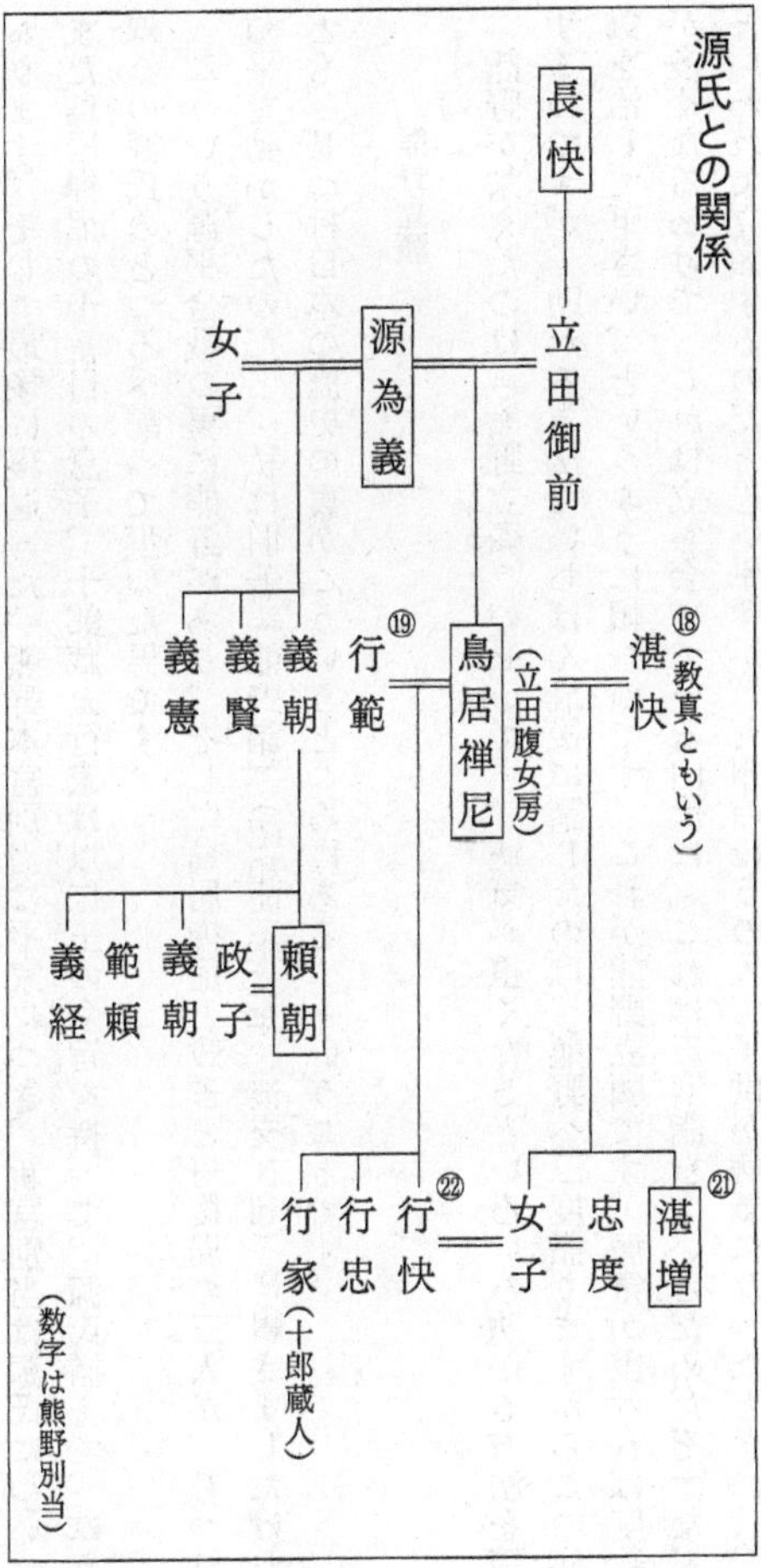

おります。そして最後に寝返った。熊野本宮別当は平家につき、新宮別当は源氏についた。また鳥居禅尼の十番目の息子、十郎蔵人行家は以仁王《もちひとおう》の令旨《りょうじ》を持って、源氏揃えで、ほうぼうの源氏のところへ配って歩いた男です。

こういう源平合戦の裏に熊野があり、そして鳥居禅尼と政子と丹後局《たんごのつぼね》の三人が、じつは源平を動かしたのだと、私は旧著『熊野詣』(昭和四十二年、淡交社刊)に書きましたけれども、じつは日本の歴史の裏がこういうところにある、ということです。

熊野立願

熊野が栄えたのは「熊野立願《りゅうがん》」のせいです。病気が重くなるといろいろ助かる方法を講ずるのですが、助かる方法でいちばん最後に講じたのは、熊野へ三度詣《まい》りますからこの病気を治して下さい、というふうに頼むのです。これが熊野立願です。病気が重ければ度数が多くなるわけで、これは立ち会っている山伏に「これは三度詣らないとだめだぞ」などといわれて立願するのだと思いますが。九州のほうの人で子供が病気になったときに、三度の立願をして、一度は詣ったが、二度目はとても大変で詣れないから詣らずにいると、神様が早く詣ってこいという歌を詠んだという話が『玉葉和歌集』の中に出ています。なかには四十八度の立願をした人もある。

これは仙台に近いところの名取という、大きな熊野三所権現があるところの地頭の妻です。八十歳くらいになって四十八度目を行なったのです。那智浜まで行って、それから本宮へ行こうとしたら、本宮の阿弥陀のほうが、向こうから出てきたというのです。「お前はここでよろしい。ここから帰っても詣ったことにするから」と言って、帰したという説明がありますが、そのくらい立願によって熊野信仰というのは拡がった。

いまでも熊野神社のあるところでは、生まれたときに氏子としてお詣りをしますから、十五歳になると「願解《がんと》き」の神楽をする。「生まれ清まり」の神楽といいます。この神楽があるところはかなり多いのです。そこで子供から大人に生まれかわる。穢れがすっかりなくなって、生まれかわるための神楽をする。子供が自分で舞えないと、大人がうしろから舞わしてくれたりします。いまでも「花祭」で有名な奥三河一帯に遺っています。そして、それは熊野の滅罪と福禄と長寿と往生の信仰でありました。

そういうことで、全国にいろいろの神楽や田楽がありますが、神楽というものは伊勢や出雲からきたという学者がいますが、よく見ると民間神楽のほとんどすべてが山伏系統のものである。山伏神楽であり、法印神楽です。まだ断定的にはいえませんが、それを遡《さかのぼ》っていけば熊野へ結ばれていくことは明らかです。それは先ほどいいましたように、熊野信仰は修験道界を制覇した時代がある。そういう時代の名残として熊野系の神楽や田楽があるのです。熊野の信仰は南北朝時代に衰えてしまいます。これはあまりにも富が集中したことも一つあります。それから熊野修験が南朝についたということもあります。大峯《おおみね》修験が一時衰え、蔵王堂も高師直《こうのもろなお》に焼かれてから百七年も再興しなかった。そういう百七年のブランクにつけ込んだ地方の霊山がある。これが白山《はくさん》です。それから白山信仰が拡がっていきます。

第二講　羽黒修験の十界修行

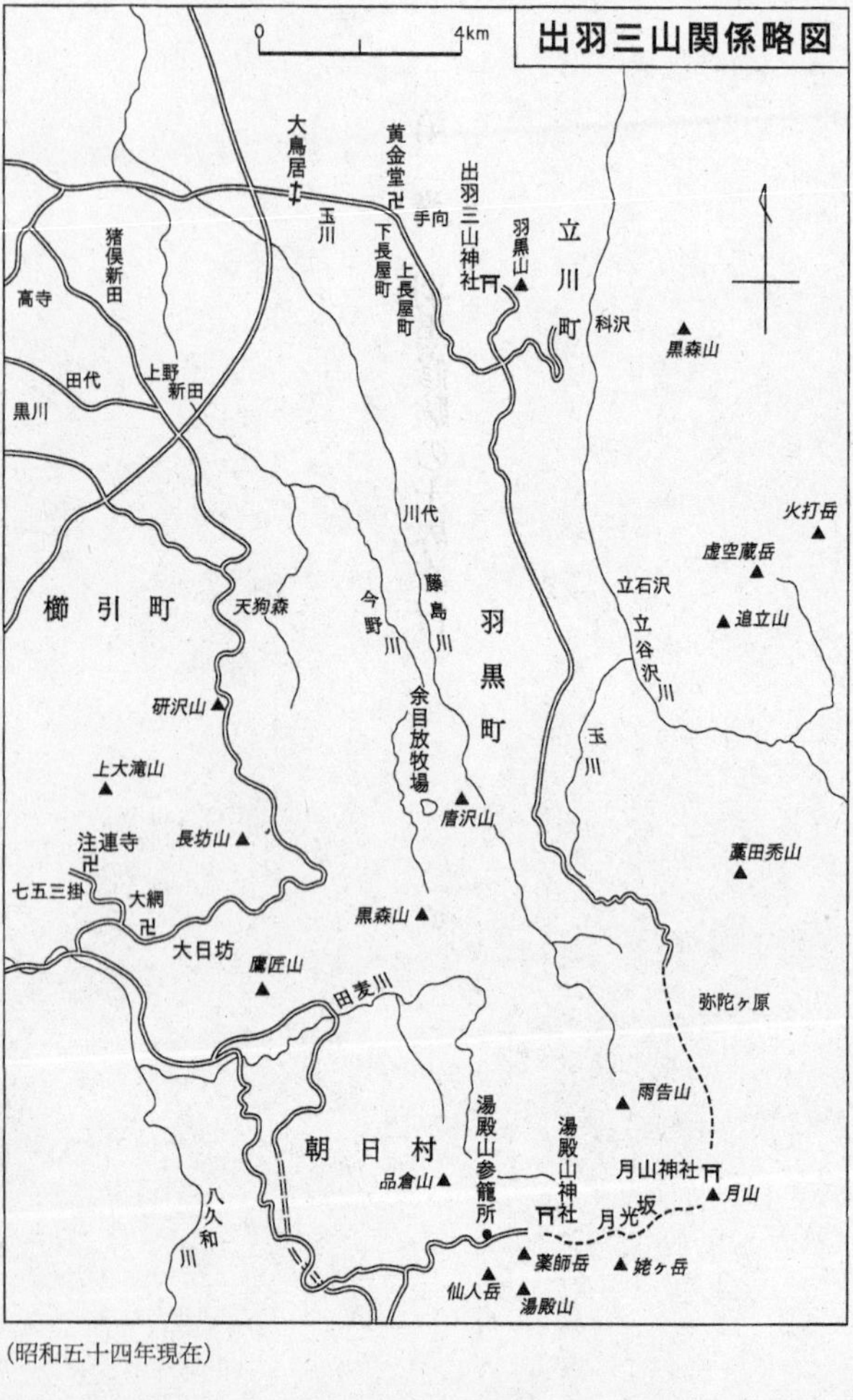
出羽三山関係略図
0
4km
大鳥居
黄金堂
玉川
手向
出羽三山神社
羽黒山
立川町
科沢
黒森山
猪俣新田
高寺
下長屋町
上長屋町
田代
上野新田
黒川
川代
火打岳
虚空蔵岳
立石沢
追立山
櫛引町
天狗森
今野川
藤島川
羽黒町
立谷沢川
研沢山
余目放牧場
玉川
上大滝山
唐沢山
注連寺
長坊山
薬田禿山
七五三掛
大網
黒森山
大日坊
鷹匠山
田麦川
弥陀ヶ原
雨告山
湯殿山参籠所
湯殿山神社
朝日村
月山神社
品倉山
月山
八久和川
月光坂
薬師岳
姥ヶ岳
仙人岳
湯殿山
(昭和五十四年現在)

伝説の開祖、蜂子皇子

羽黒《はぐろ》修験の開祖についてはいろいろ説があり、崇峻《すしゅん》天皇の第三皇子、蜂子《はちこ》皇子弘海《こうかい》といわれていますが、もちろんこれは「皇統譜」にはありません。伝説的な人物です。聖徳太子のいとこで、太子から勧められて入道し、諸国修行に出た末、酒田の港に着いて庄内から羽黒の山へ入っていった、ということになっている。推古天皇の元年と書いてあります。蜂子皇子は能除《のうじょ》太子ともいい、照見大菩薩《ぼさつ》という菩薩号をもらっています。この人は実在ではありません。肖像を見ればわかりますが、狼の姿をしております。口が裂けた、眼の非常に鋭い顔で、木像も同じです。山の神の化身です。それが崇拝の対象になって、それをいかにも実在であるかのごとくにつくり、御陵まで造ってある。戦後はなくなりましたが、それまでは御陵の一つとして遇せられていて、ちゃんと菊の紋がついて、御陵番がこれを守っておりました。

「御姿至って醜陋《しゅうろう》」、あまりに醜いので棄《す》てられたということになっていますが、山の神というのは醜いという一つの特色をもっております。眼が非常に大きく出て、ハチの目のようであったので、蜂子といわれたのだといいます。葛城《かつらぎ》の神が非常に醜いために、昼間、久米《くめ》の岩橋を架けるのをいやがって、役行者《えんのぎょうじゃ》から呪縛《じゅばく》されたという話もそういうことです。芭蕉は『更科《さらしな》紀行』に、「なほ見たし花に明けゆく神の皃《かお》」という一句を葛城の麓《ふもと》で詠《よ》みました。桜が非常にきれいに咲いて、夜明けだけれども、それに比例して醜い神の顔というものが見たいものだ、というふうにちょっと洒落《しゃれ》ていったわけです。

それから、これが実在の人物でないことは次の例からもいえると思います。「修行石」というのがあり、十メートルないし十五メートルぐらいの高い木の幹の二つに割れたところに、三畳敷ぐらいの平らな石が載っている。もちろんこれは、人が上げたものではありません。おそらく木がもっと低い、小さいときに載ったか載せたかして、だんだん育っていったのだと思います。その石の上に能除太子がいつも跳び上がって、座禅しておったという伝説もあり、「跳ぶ」属性を持っていたということもそうです。

それから最初に修行したといわれる阿久谷《あこや》（阿古谷・阿古屋）というのは、非常に神秘的な場所で、いまでも入ってはならないことになっている。おそらくもとは葬場であったのだろうと思います。

大体、アコヤという地名はそういう、人を棄てるような場所にあるのです。「阿古屋琴責段」の阿古屋というのは、あれは鳥辺野《とりべの》です。現在、六波羅蜜寺《ろくはらみつじ》に阿古屋という平安末期の有名な宝塔がありますが、それはあのへんに棄てられた人の供養のために建てられたものです。阿古屋上人という、自分の身を焼いて入定《にゅうじょう》した有名な上人がおりますが、そういうことから遊女の名前にも阿古屋というものがついたので、景清《かげきよ》の恋人ということで芝居に出てまいります。

柳田國男先生はアコとかアクとか、あるいはアク沢というのは、人が入ってはならない場所で、葬場に多いということを言っておりました。穢《けが》れた人を落とすという谷は大峯《おおみね》にもあり、その谷も阿古谷といいます。

そういう場所に阿古谷という名がつきますので、そういうところの霊、あるいは、そういうところから現われた山の神の化身が蜂子皇子となったのでしょう。実際の開祖とわれ

照見大菩薩画像（山形県羽黒町〈現、鶴岡市〉出羽神社蔵）

われが考えるべきものは弘俊阿闍梨《あじやり》という人です。

熊野の影響

弘俊阿闍梨という人は聖之院《ひじりのいん》の開祖といわれています。聖というのは火を管理する人です。火が消えないようにこれを治めておる。そして必要な人があればその火を分けてもやる。聖はこういう不滅の火を管理する人で、この不滅の火を焚《た》いておったところが「常火堂」というところです。

常火堂は修験の山ならば、現在、伝承がなくても、もとはかならずあったと考えていい。高野山の奥院の「不滅の法灯」を管理していたのも、行人《ぎようにん》という身分の山伏です。比叡山《ひえいざん》の法灯も、やはりそういう意味では、堂衆という山伏階級が守ったわけです。

弘俊阿闍梨は大法頭僧都《だいほうとうそうず》ともいわれた人で、「三山執行《しゆぎよう》」という羽黒と月山《がつさん》と湯殿の、三つの山を管理する山伏の総代でもあった。それで、蜂子皇子はただ崇拝対象であって、実際の山伏としての開祖は弘俊と考えるほうがいいと思います。

ところが困ったことに、文和三(一三五四)年七月二十九日という銘文をもった灯籠《とうろう》に、「大勧進聖弘俊」の名があるのです。そうすると弘俊は南北朝時代の人か、あるいは推古天皇時代の人かということが問題ですが、おそらく、これは大勧進聖弘俊の供養のために建てられた灯籠と解釈すべきである。同名異人ということはあり得ませんので。大勧進聖というのは、そういう山をはじめる人は勧進聖となって諸国をめぐって、その寺を建てるという人です。その供養のためであって、文和三年の時の人ではないというふうに、私は解釈しています。

それから役行者が開祖であるという伝承もあります。月山の八合目と九合目の間に「行者もどし」という坂があります。行者がその坂まで来たが登れなかった、というようなことは、羽黒のすべての文献に出てくる。大峯、あるいは吉野、熊野よりも自分のほうが上だという、いつもそういうコンプレックスがあるのです。それは修験道の歴史の上から大事なことの一つですが、熊野が吉野と提携して「大峯修験道」というものをつくって、それが全国の山岳宗教の一つの作法として伝播《でんぱ》していった。ところがそのヘゲモニーが、だいたい鎌倉の末から南北朝という動乱期でなくなります。吉野も焼かれる。熊野も内紛で衰える。そうすると各地方の修験がわれこそはと独立の宣言をする。大きな覇権がある間はなかなかできませんが、覇権がとれてしまうと、やかんのフタが取れたみたいなものですから、みな飛び出してくるわけです。

そういう中で自己主張というのが各山に起こってきます。そのあらわれの一つがこれです。大峯の役行者が、ここまできたけれども、ここからは登れなかった。登れないでいると、蜂子皇子が現われて「お前は、修行が足りないから戻れ」と言った。役行者ともあろうものが、ここではしかられたという話になっているのです。これは『役行者本記』に書いてある。

熊野との関係を考える上で重要なものに「三足の烏」というものがあります。要するに烏といえば熊野のシンボルみたいなものでして、烏が出てきたら、だいたい熊野の影響下にあると考えていいと思います。そうすると烏によって導かれて蜂子皇子は羽黒に入った。これは熊野の影響下にできた伝承です。

松聖《まつひじり》の「国分け」といって、国分けのときには羽黒と熊野で勢力圏を分けたと伝えています。今も「松例祭《しょうれいさい》」という名称で行なっているお祭りのときに、雪の中でそれをドラマチックに表現するのです。お互いに測ったり、平等に分けましょうということで分けるのですが、羽黒は三十三か国取ります。しかし熊野の取り分の三十三か国の内、九か国だけ彦山に分けてやれということで、彦山に九州の九か国を分けてやり、熊野は二十四か国しかもらえなかった。そういうことを位上《いじよう》方の山伏と先途《せんど》方の山伏が出てドラマでやる。これはお祭りの中の演出で、羽黒が熊野より絶対優勢であるということを示そうとするわけです。

羽黒山に出羽《でわ》神社という、羽黒山と月山と湯殿山の三つの山を合わせて祀《まつ》っている神社があります。だったら社殿は三つに分けていいはずです。ところがいちばん奥が厨子《ずし》になっていて、四つに分かれている。いちばん右のほうは熊野を祀っているのです。こういうふうになっているということは、熊野を排除したいが、やはり信仰対象から除くことはできない。しかし、われわれは三十三か国を持っており、熊野は二十四か国しか持たないのだということで、溜飲《りゅういん》を下げているわけです。

鎌倉の末、延慶《えんきょう》三（一三一〇）年に那智《なち》の住人の心浄坊勝尊という人が羽黒へやってきて、常火堂をつくったというのですが、修験の山には奈良時代から常火があったことはわかっていますので、この場合は、そのお堂をつくったということになるだろうと思います。この人がつくった延慶三年のものが現在も遺《のこ》っています。熊野那智で修行して、それから寂光寺へきた。寂光寺というのは羽黒山の全山のお寺の名前です。高野山金剛峯寺《こんごうぶじ》というようなものです。羽黒山寂光寺といいます。もちろんこれは排仏毀釈《はいぶつきしゃく》でなくなりましたが、そのときに三か寺だけ、頑《がん》として神官にもならないし、農民にもならなかった。それが寂光寺の中の奥ノ院の荒沢寺《こうたくじ》と正善院《しょうぜん》。正善院はいま手向《とうげ》（現・鶴岡市）といっている羽黒の山伏村の真ん中にある黄金《こがね》堂というものを管理している。それから金剛樹院で、これは修験寺として現在遺っています。

これだけが残ったのですが、その中に荒沢寺の常火堂があります。常火堂の裏山は心浄坊勝尊のお墓といわれています。羽黒の中興といえる、こういう人が熊野から来ているということは、羽黒修験の形成には熊野が大きな力を持っていたことを示すものです。

ところが、こういう羽黒修験が密教をやり、また法華経を読むと、密教のほうは弘法大師だから弘法大師がきたとか、法華経のほうは慈覚大師がやってきて法華経を伝えたのだといって、弘法大師と慈覚大師までが開祖の中に加えられるのです。

天台宗帰入と入定

出羽三山信仰は申さないでもわかると思いますが、いちばんの主峰は月山《がっさん》です。一九八〇メートルの山です。長い裾野にちょっとだけ山があるのが羽黒山です。羽黒というのは、端という字を書いたのだろうといわれる。端のほうの端山にあたります。

非常に急な坂を下ったところに、実は別の峰としてあるのが湯殿山です。むしろ湯殿山は、山の信仰であるよりは仙人沢という、沢の信仰になります。ここから下るのはたいへんな急坂で、ふつうの道ではありませんので、金月光というところでは、鉄の梯子《はしご》と鉄の鎖を後ろ向きになって降りないと降りられない。それを下ると、こんどは岩場の中を徒渉するのです。それを水月光といいます。そしてここへ下りるとご神体もあり、「かたられぬ湯殿にぬらす袂《たもと》かな」という芭蕉の句碑があります。ここのご神体は語ってはならないことになっております。あまりにも似たものがあり、そこからお湯が噴き出しているというので、いっさい湯殿のことは語ってはならないという戒めになっています。なかなか潔斎のうるさいところです。その三つをもって一山の修験が構成される。

ところが、本来は三山とも真言宗に属していました。湯殿の修験と羽黒の修験とが月山を管理していた。ところが、羽黒の三山別当、あるいは三山執行といわれる天宥《てんゆう》という人のときに——ちょうど寛永（一六二四—四四）前後ですが——、天海僧正と謀って、この出羽三山を天台宗に帰入させてしまった。天海の保護を受けるためです。これというのも、やはり熊野から離れようとしたからです。熊野から離れようとするために政治権力を利用しようとした。もちろん離れることができたのですが。

この天台宗になったときに、どうしても湯殿が肯《がえ》んじなかった。自分たちは弘法大師が開いたのだから真言宗でいたいということで、湯殿だけが残りました。

月山には七つの登山口があります。羽黒口寂光寺、注連《しめ》掛口《かけぐち》注連寺、大網口大日坊、本道寺口本道寺、岩根沢口日月寺、大井沢口大蔵坊、肘折口《ひじおりぐち》阿吽《あうん》院。こういう七口があり、それぞれが天台宗に入って、そこから月山に登ったのです。裏からも登りました。

湯殿が、真言宗寺院に残ったのは、羽黒の下につきたくないというわけです。ところが羽黒と月山は政治権力を背景にしますから、どうしても分がいい。湯殿は真言で頑張ったために道者、つまり登山者が減ってまいります。これは財政的にも困るわけです。そこで湯殿は、真言宗、弘法大師の末流であることを主張しなければならない。そういう宣伝をしないと、ここへ人々は来てくれません。弘法大師の末流であることを証明するには何がいいかといえば、弘法大師と同じように入定《にゅうじょう》することです。これはなぜ湯殿にだけミイラができたかという謎《なぞ》を解明するカギです。

真言宗として残って、羽黒よりもこちらのほうが優れているということを言うためには、実際にそういうミイラを見せなければいけません。弘法大師は入定して永遠に生きている、という信仰があります。入定者は永遠の生命を獲得するわけです。ミイラにしたのは悪趣味な話で、あんなものはいらないのです。入定したということ自体が、その人の霊魂が永遠に生きているということなのです。姿はなくてもいいのです。修験道信仰には入定はするけれども、あとで掘り出してそれを人に見せる、あるいは拝ませるということは、本来はないはずです。そういうことは、湯殿に特別な事情があったからで、かならずしも全部が歩調を合わせたわけではないのです。

夏の峰入り

出羽三山の信仰は、月山を主峰として、ここの阿弥陀《あみだ》如来がいちばんの崇拝の対象になり、湯殿は大日如来、羽黒が聖観音と、三山が形成されたのです。

ここは平生は山伏はおりません。それは羽黒修験の入峰修行で、夏峰にだけ登るのです。よく山には「山開き」というのがありますが、あれは修験が登るときのことです。もとは山伏がまず山へ登って、その後から一般の人々が登ったのです。またあとで話しますが、たとえば石鎚《いしづち》山は、七月一日から十日間が山開きになります。その山開きの十日間は女人禁制でした。最近（昭和五十四年現在）では一日と二日だけというふうに聞いておりますが、だんだんと消えてしまうだろうと思います。その間を山開きといっているので、山へ入るだけが山開きではない。そういう山が開かれて、四月八日から七月十五日までの夏峰の期間に、山伏が出てきます。

ほんとうなら羽黒・湯殿の別当に当たる人が峰へ登るのですが、だんだん偉くなると横着になり、代理をやる。これを「夏一《げいち》」といいます。夏一というのは夏の峰入りのいちばんの親方という意味です。どこの山へ行っても、そういうことがあることが最近わかってきました。ところが夏一もまた登らなくなる。そうすると「夏一代」という代理になります。それが登って、そしてここに小屋をかけております。もと阿弥陀堂があったわけです――現在は月山神社といって、もとの官幣大社《かんぺいたいしゃ》ですけど――、いまでも阿弥陀仏はその社殿にあるそうです。あんまり大きいので下ろせなかった。そのかわり、その前に十三仏というのが祀ってあり、十三仏だけ麓《ふもと》に置いてあるのです。

夏の峰入りの話になりましたが、これはまた同時に「夏行《げぎょう》」ともよばれ、「夏花《げばな》」ともよばれます。すなわちここに籠《こも》った山伏がこの付近の常磐木《ときわぎ》を折り――これを花といった――、神の憑代《よりしろ》として立てるものですから、それを上げるのです。九十五本上げたといいますが、その行をする間が山開きなのです。だから修験行事に応じて山は登られる。山というものは、昔は宗教生活の場としてあった。そのときに上げる賽銭《さいせん》もハナといっております。だから登った人は花を上げるけれども、山伏のほうもそんな常磐木をいっぱい上げられたってありがたいことはないのですから、お金で上げてほしかったのでしょう。

あるいはお米を上げてほしかった。それでハナというのがお金の代名詞になりました。山伏のいちばん下の聖《ひじり》という階級は、お賽銭を投げたときに落ちたものを拾う権利がある。それで月山へ登ったら、たとえわらじの緒が切れても下を向いてはいけない、金を拾ったと思われるから、というくらいで、いろいろ紛争が起こっています。この近くに胎内石というのがありまして、「胎内くぐり」を行ないますが、私もその近くへいってみたら、たくさん一文銭が落ちていました。そういうものを取る権利を下級の人たちが持っている。いろいろ利益がついてまわるのですが、それが「花供《はなく》」である。

それで途中で「蓮華会《れんげえ》」というのがあって、これが月山、湯殿山、羽黒山のお祭りになります。

死者供養

三山信仰で大事なことは、三山ともに死者供養をすることです。山というものは死んだ人を拒否するように考えるのですが、最初に申しましたように「神奈備《かんなび》信仰」というのは、その麓の死者の霊が山に籠っている。だからその山というものは尊いのです。そしていちばんの先祖と考えられる人が「山の神」になる。そのほかのものは眷属《けんぞく》になる。だからどの山でも毎年眷属はできているわけです。

月山の場合、旧暦七月十三日、月山の頂上で柴灯護摩《さいとうごま》というのを焚きますと、庄内平野から全部見えます。庄内平野のほうの死者供養をする山を「モリの山」といっています。亡くなった人のモリ供養をしますが、十三日の柴灯護摩の火を見て霊を送る念仏がありま す。だから麓で亡くなった人の霊は、山の頂上へ行ってとどまっているという信仰が、現在は羽黒にも月山にも湯殿にもあります。

湯殿はたとえば岩供養といって、戒名を書きます。神主が戒名を書く紙をくれます。それに戒名を書いて、ご神体の岩の横の水の滴る岩にこれを張りつけます。滴る水でピシャッとひっつきます。それで死者の霊はその水によって清められるのです。そうすると死後が安楽になる。

日本人の罪業観では、現在の不幸は犯した罪による。自分の犯した罪でなければ、先祖の犯した罪によって不幸がある。また自分の犯した罪によって死後の不幸がある。死後安らかでないと考えますから、罪を祓《はら》う方法をいろいろ考える。お坊さんにお経を読んでもらって祓う、ということもあります。遺族がその人のかわりに巡礼をしたり、八十八か所を巡ったりして罪を祓うこともあります。それからお金や物をあげることも一つの罪滅ぼしなのです。あるいは貧しい人に施しをすることも一つの罪滅ぼしです。同時に、こういうところで禊《みそ》ぎをさせる。だから亡くなった人の着物を三日晒《ざら》しとか、百日晒しにして、四本の棒に張って道行く人に水をかけてもらう。それを「流灌頂《ながれかんじょう》」といい、そして穢《けが》れを祓っていく。

月山の場合は、祖霊社というのが本殿の左横のところにあり、亡くなった人の供養を社務所で頼むと、五色の御幣と戒名を書いた紙となにかお供物をくれますから、それを祖霊社に上げておきます。納骨も受け付けます。明治維新のときには、どこも一度禁止しました。そうしたらお骨を箱に入れて本殿の周りを掘って置いていくのです。明治二十年代くらいまでつづきました。それで神社のほうは、どうせこうなるのなら正式に受け付けたらいいではないかということになって、納骨を受け付けるようになりました。東北の場合は、民衆は亡くなった人の霊をここへ送りつけなければ承知しない。あるいは恐山《おそれざん》でもいい、山寺の立石寺《りつしゃくじ》でもいい、とにかく送らなければいけない。そういう問題を山が引き受けているわけです。

羽黒の場合は近頃、非常にきれいなものになってしまいました。しかし以前は、ずいぶん塔婆《とうば》が林立していました。

修験組織

修験組織についていうと、山の物質的な面を司るのが別当です。のちになりますと別当は宗教的な面まで司りますが、物質的な面を扱う意味で執行《しゅぎょう》、また総別当ともいい、総別当というときには宗教的な面までタッチするようになる。それは本堂別当ともいったのですが、その発生からいうと、その地方の地頭であった武藤氏が俗別当ということで、寺領荘園を預かって山伏を支配していた時代がある。

それが戦国時代になり、上杉景勝《かげかつ》が妻帯の坊さんを別当にした。上杉景勝によって派遣された家老の直江兼続《かねつぐ》が羽黒を治めているときに、清順を別当にした。しかし清順は妻帯しているために、みんなから受け入れられないので、武藤氏の一族である宝前坊慶俊というものに別当を譲ります。このことから別当の住んでいる坊は宝前坊といって、ずっとつづきます。その次は最上氏から出た宥源《ゆうげん》、そして宥俊《ゆうしゅん》を経て、先ほどいった天宥が寛永十八（一六四一）年に真言から天台へと宗派を替えたのです。

そのほかに月山別当というものを執行代、もしくは夏一代という代理として、清僧《せいそう》修験の中の十か寺が交替で務めるようになりました。

それから黄金堂《こがねどう》別当というのは、羽黒の手向《とうげ》という山伏村の真ん中にある、その黄金堂を正善院というのが現在（昭和五十四年）でも管理しており、これがじつは荒沢寺も管理しながら羽黒修験本宗という修験の一派を立てている。

それから下居堂《おりい》別当があります。これは羽黒の登り口にある下居堂ですが、託宣をする場所です。

女《にょ》別当というのは巫女《みこ》を管理する別当で、女別当というので女性の場合もありますが、ここの場合は男僧が巫女を取り締まるので女別当といわれている。こういう巫女というものが、信州の善光寺ですと「大本願」というものに変わってくるわけです。

清僧修験の中に、またいろいろの役があります。先達職《せんだつしき》というものがあり、この中から大先達が出ます。その大先達の下に、主に入峰のときは当峰大先達というものが山伏を率いて山へ入ります。それはそのときの峰という意味です。その下に導師と小木《こぎ》と閼伽《あか》と駈《かり》という四つの諸役があります。この人たちによって入峰中のいろいろの宗教儀礼、あるいは入峰修行が執行されるわけです。これら全体を合わせて先達職です。みな形式的になりましたし、それぞれ故実を知らない若い人ばかりになりましたが、一応、こういう役は現在も立てて「十界修行」をやっております。

行人と常念仏僧

それから、行人方ですが、実は山伏というのは全部行人です。けれども清僧修験になりますと、天台宗の坊さんという一つの地位を獲得しますから、もっと下の身分のものを行人というわけです。身分は行人なんですが、自身は行をしなくなってしまうのです。そういうことで、行人というものが一つ下の階級にできました。これは承仕《じようじ》といい、清僧のいろいろなことを手助けする。承仕というのは召使いという意味です。それから橋番とか、能陀羅尼《のうだらに》といって、いろいろの故実を教えるものがまた一つの役になります。それから、常念仏僧というものがあったということです。これはまた別に非常にむずかしい問題があるのですが、この修験の山というのは死者供養をするので、常念仏堂というのができます。最近でもだんだんわかってきましたが、「常念仏」というのは「不断念仏」と違います。不断念仏は一週間なら一週間、三週間なら三週間、多勢集まって念仏を絶やさないようにするのですが、常念仏は一度始めたら何百年でも続ける。坊さんというのは気の長いものです。それは一人でも二人でも三人でもいいから、交替しながら念仏堂で撞《しゅ》木《もく》をもって念仏を唱える。三時間なら三時間、四時間なら四時間したら、次の人が行って、またその撞木を受け持って打ちながら続けていく。これをもう六百年ほど絶やさない寺があります。たいていは絶えてしまいましたが。だいたい、百年ごとぐらいに供養碑が建っていきますから、そういう常念仏のあるところ、たとえば長野県大町市の弾誓寺《たんせいじ》は、江戸中期ぐらいまでの、たしか五十年に一度ぐらいずつの碑がたくさん建っております。

これを六百年も絶やさないのが、比叡山の坂本にある西教寺というお寺です。ここの常念仏はいまだに絶えていない。まあ、しかし最近はどうでしょうか。十年ほど前に行ったときは、まだお婆さんの篤志家《とくしか》が一人いて、あの人が生きている間は絶えないのだと言っていましたけれど。これが常念仏です。それも羽黒にはあったということがわかります。いまは跡かたもありませんけれども。

一世行人・散在修験

それから非常に大事なのは「一世行人《いっせいぎょうにん》」というもので、もちろんこれは清僧であって、五穀・十穀を断たなければいけないのです。だからもっとも厳しい行をするのが一世行人です。しかし、こういう厳しい苦行をした人には非常に信仰が集まります。われわれでも、常人にできないことをやる人は、われわれ以上の力をもっていると考えますので、その人の託宣を聞いたり、あるいはその人によって祈禱《きとう》してもらったりすれば、病気も治るだろうし、なにごともよくなるだろうという信頼関係ができますから。

この一世行人というのは羽黒、月山、湯殿山でやり、地方へ下れば、地方の一世行人として、たくさんの信者が集まります。むしろ本山のほうには少なくなったのですが、湯殿山のミイラになる人がこれから出るのです。その一世行人の中で、自分は千日行して入《にゅう》定《じょう》します、ミイラになりますと宣言すれば、またたくさんの信者が集まって、その人にいろいろの祈禱を頼みますが、しかし、そう宣言した以上は死ななければならない。しかし千日行をやったけれども、まだ十分でないといって、また二千日、三千日と苦行を重ねる人があります。

それでも挫折《ざせつ》する人があります。途中で死んでしまう。そういう挫折した一世行人の碑は、湯殿山の仙人沢というところに林立しています。ここだけでなくて、山の中にも建っています。挫折した行人の痛ましい歴史が、この一世行人の中には含まれています。

その場合には、みんな弘法大師空海の「海」をもらい、海号というのがつきます。湯殿山の忠海上人は、酒田海向寺にあり、宝暦五（一七五五）年に入定した人です。真如海上人は大日坊で天明三（一七八三）年。円明海上人は酒田海向寺で文政五（一八二二）年。鉄門海上人、この人は無頼の鉄といわれた無頼漢で、武士と争って天秤棒《てんびんぼう》で殴り殺して、注連寺に駆け込んで一世行人になった人です。三千日の行の後に文政十二（一八二九）年に入定したのですが、この人は江戸で眼病が流行《はや》っている時は、それでは江戸の人たちの眼病に代わろうといって、自分の目をくり抜いて隅田川の橋の上から投げたという。それから庄内と海岸とを隔てる峠がありまして、多勢の人に頼んでそこを切通しにして、道を平らにするということをしている。ただ自分だけが入定するのではなくて、世の中のために自分を捨てるという意思がそういうところに出ているわけです。

それから鉄龍海という人は、明治十四年であるともいい、明治元年であるともいいますけれども、よく伝のわからない。とにかく明治になってから入定した人もあります。なぜわからないかというと、この人の入定を明らかにすると問題があるというものですから、実際には元年に死んだのだが、のちに明治十四年の碑を建てたのだという説があります。

そのほかに本明海という人がいちばん古い。元禄《げんろく》（一六八八—一七〇四）以前に入定しておりますが、いずれも海号をもっています。古いところでは南北朝時代に弘智法印という人が越後の野積村の西生寺で入定し、現在でもミイラが遺《のこ》っています。舜義《しゅんぎ》上人という人、あるいは妙心上人、あるいは富士行者、食行身禄《じきぎょうみろく》という山伏のミイラもやっぱりありますが、いずれも苦行の末、木食《もくじき》をし、いわゆる五穀を断ち、その上でこんどは断食をし、断水をして、みずからの意思において死んでいった。ミイラになるかならないかは別です。ミイラになることは一つの奇跡ですから。ほんとうに苦行の末になるという説と、しまいには鴆《ちん》を飲むことによって内臓が腐らないようにするのだという説もありますが、ある程度の人工もあるだろうと私は考えています。

とにかく清僧修験というのは経済的な活動をいたしません。羽黒でしたら、山の上に坊を持っているのは清僧修験で、麓《ふもと》の手向という村にいるのが妻帯修験です。

それと地方に「散在修験」といい、寺を持ったり、坊を持ったり、あるいは教戒所みたいなものを持ったり、あるいは在家である場合もあります。そういう地方散在修験は、羽黒山の清僧修験の主宰する春、夏、秋、冬の行に参加しなければいけない。そうすると山伏の資格が与えられる。山伏の階級も上がってきます。

最初は新客ですが、これがいちばん厳しく鍛えられる。一年経つと堂衆といいまして、一宗義、二宗義、三宗義というふうにして、十三回の入峰をすると先達になります。ふつうは三十三回で大先達になるといわれていますが、実際はその通り行なわれていない。一回で大先達になってしまう人もある。お金さえ出せば、です。

配札と初穂

山麓《さんろく》修験はみな宿坊をもちます。宿屋をやるわけです。この山麓の妻帯修験は配札と初《はつ》穂《ほ》というのが主なる仕事で、お札を配って歩く。いろいろのお札が羽黒、湯殿、月山から出ますから。それとまた、春と秋にはお米を集めてきます。それを「初穂勧進」といいます。これは法螺《ほら》を吹いて歩いた。これも本山から出ていく場合と、地方散在修験が集めたものを本山へ上げる場合とがあります。その中に御恩顧分《ごおんこぶん》と平門前《ひらもんぜん》とがあって、その山麓修験の中にも階級があります。

それから御師在庁《おしぎいちょう》といっているのは、檀那場《だんな》というものを持っている。ですから山麓修験の中に宿坊だけやるものと、御師在庁というものになって、配札と檀那場を回るものとがあるわけです。宿屋だけするものと、地方へ出ていくものと。

松聖と験競べ

それから、修験三役ですが、太業《たいぎょう》と入峰と番乗《ばんの》りというものがあり、これが羽黒の場合、修験三役です。

これは何かといいますと、先に申しました松打《まつうち》(松聖《まつひじり》行事)に位上《いじょう》の松聖と先途《せんど》の松聖という、二人の最高の山伏の位を得るのが松聖です。松聖になるための順番を獲得するのが太業、入峰、番乗りです。

太業というのは、現在ではもう羽黒修験もこれを知らない。出生届けだと思っておりますが、そうではない。松聖になる番が少しでも早くなるために、争って出生届けを早く出す。男女もわからないのに妊娠したらすぐ届ける。そのことを太業と思っている。一年交替ですが、もし間に入ったら三年遅れてしまう。ですからだんだんと松聖の希望者が多くなるにつれて、現在では八十歳ぐらいにならないと松聖になれない。そうすると「験競《げんくら》べ」なんてできません。跳び上がったり、走ったり、松明《たいまつ》を曳《ひ》いたりできませんから、全部代理者がやるようになる。そういうところにも修験の衰えの一因があったと思うのですが、ほんとうは太業というのは夏行《げぎょう》という大きな行なのです。

夏行というのは真言宗ですと二百五十日、約八か月、いっさい他から隔絶した一つの密教的な行をしなければいけない。ところがそれがなくなって、そういう出生届けみたいになってしまう。夏行を早くした人ほど松聖に近くなるわけです。それがだんだん間違えられると行をしないでも、とにかく順番をとるために名前を早く書きさえすればよくなる。入峰も、早く入峰すれば早く番乗りになれて、早く松聖になるはずですが、何もしなくなってしまった。ただこういう名前だけ伝えています。番乗りというのは松聖になるための順番を、太業と入峰の順番によって変えていったわけですけれども、いまは出生届けで、ずっと順番ができてしまう。

そして松聖になるのですが、山伏のお墓をみますと、たいていの山伏には権大僧都、法印、大越家《だいおつけ》と書いてあります。これはみんな、お金で買ったものです。そんなにたくさんできるはずがない。一年に二人ずつしかできないのですから、百年経っても二百人しかできない。これは山伏としては最高の位なのです。それ以上には位がないのです。松というのは、松明のことです。松明によって燃える火のことですから、松打というのは松に火をつけるために火打石を打つことです。だから松打行事といわれるものは、位上と先途という二人の松聖が、お互いに火打石で火をつけることを争うわけです。この場合、一年ごとに火を打ち替えていったと思います。「不滅の火」の場合、生命を新たにしていく。それが大晦日《おおみそか》の行事だったのです。

その松に火をつける。そしてそのつけた火は一年間守っていく。しかし二人を置いたということは、山伏というのはすべて右と左、新座と本座といろいろ源平式に分けまして、競うものなのです。これは一つには、位上がもしも死んだりしたら、先途がこれに代わる。二人あればなんとかなる。そして、それぞれにまた小聖というのがついており、補助者がありますから、もし両方ともいけなくなったら、小聖がそれを継ぐというふうにして、不

松例祭の両松聖の行列

滅の火が絶えないように工夫していたわけです。そういう意味でも複数である必要がある。また不幸があると聖なる火にタッチできなくなりますから、二人にしたということもありまして、山伏行事としては両方が争う。一つの火をつけるのに二つの火ができた場合、勝った火のほうが本社のお灯明になります。こちらは神のための浄火です。ところが、負けた火はどうするかというと、これは不幸があったところに下げ渡す火になります。不幸のための浄火です。死者と神との火を、負け火と勝ち火で分けたのです。そういうこともずっと最近まで伝わってきた。もちろん明治維新後になくなりました。こうして常火堂の松明を守る聖のいるところが聖之院といわれた、ということで松聖の意味が解釈できます。

松打・兎神事

そこで松聖行事は、冬峰入りに当たります。したがって位上の松聖と、これに一つのグループができます。それから先途のほうにもお供した山伏がたくさんいて、お互いに行を競うわけですから、峰中堂というところに籠《こも》った。それが変化して、いまは神社の斎館というところに籠ります。もとは山の中に小屋を作って籠ったのだと思います。修行から出てくると位上も先途も小聖もあるいは山伏も、修行中に得られた超人間的力——験《げん》といいます——を競べる「験競《げんくら》べ」が行なわれる。験を修めるのが修験です。修験行事の大部分は験競べでできているといってもいいくらいです。

松例祭の「烏飛の神事」

その松聖の冬峰は百日精進、つまり百日間の精進をします。いま（昭和五十四年）は九月二十日から大晦日までです。そして大晦日の日に験競べが行なわれる。その験競べは、一つは「兎の神事」といいます。もう一つは「烏飛《からすとび》の神事」というもの、もう一つは「火の打替《うちかえ》」というもの、これが松打です。火打石でもって松明に火をつける。それが早いか遅いかを競うわけです。そして「ホド立て」をして聖なる火を焚く。ホドというのは炉のこと、つまり炉をつくることです。そして毎日、火を打ちながらその火を守っていく。

それから冬峰勧進といい、松聖になりますと勧進権というものができます。よく頭屋《とうや》には禄がつくといったり、何万石の位だといったりしますが、それと同じように近郷近在から庄内地方全体にお米を集めて回る権利がつきます。これが「松の勧進」というものです。そしてそれを集めてきて祭りの準備をする。

何か行事があると山伏は酒を飲むのですが、その酒は笈酒《おい》といい、隠語です。般若湯《はんにゃとう》という隠語もありますが、蘇油《そゆ》といっているのもお酒のことです。その酒を飲むと芸をしなければいけない。この芸競べみたいなのが「延《えん》年《ねん》」というものです。

羽黒権現御歳夜《おとしや》という歳晩行事があります。いまなら十二月三十一日ですが、昔は三十日です。そのときに松明を曳くことがあります。その松明は「恙虫《つつがむし》」といいますが、虫を焼き上げるのだといいます。これは跳躍することを競うわけです。高く跳ぶことです。現在ではみな形式化されていますが、昔はいずれも跳んで、どこかに印をつけた。これは二人ずつします。修験行事はかならず番とか、ツガイとかいって、二人ずつ出る。だから勝ちと負けがかならずきまる。中間がないのです。昔はそれで片方に褒美があり、片方は処罰があった。非常に大きな行事ですと、山から追い出されたなんてこともあるといいます。

それから兎の神事というのはたいへん面白いもので、これはだいたい山伏が六番、十二人出ますが、間に机を一つ置き、ここへ耳をつけて縫いぐるみを着た兎の服装の人が四ツん這《ば》いになって出てきます。そこでこの二人の山伏が気合をかけて机を打つ。早く打ったほうが勝つのですが、パン、と打ったらこの兎はひっくり返るのです。もちろんいまは演出ですが。昔は打ち方がまずかったら、頑として引っくり返らない兎もあったと思います。気に入ったほうで引っくり返ったのかもしれません。どちらかの打ったほうで引っくり返って、勝ち負けがきまる。これを六回やります。第五番目のときに、かならず位上と先途がやらねばならないことになっているのに、いまはぜんぜん出てきません。だから六回でもって三対三になることもあるでしょうし、いろいろ勝負がきまるわけです。

山伏浄蔵の験力

山伏の験力《げんりき》は「祈り生かし祈り殺し」ができる。これは非常に古く、『古事記』から出てくることで、「うけひ生かしうけひ殺し」ともいいます。垂仁天皇のときに、鷺巣《さぎす》の池の鷺を睨《にら》んだら墜《お》ちた。もし自分の願いが叶《かな》うならば墜ちるといって、睨んだら墜ちてきた。また睨んだら生き返ったということがありますが、そういう活殺自在な力というものがあって、はじめて病気も治せる。死んだ人を生き返らせることを、修験の場合は理想としておったのです。そこでこういう「験競べ」ができるわけです。

平安時代にはほんとうに験というものはあったようです。非常に験力の強い山伏として浄蔵が伝えられています。有名な三善《みよし》清行という醍醐天皇のころの文人の息子です。山伏になったけれども、品行が悪くて、ほうぼうへ子供を生ませてまわる。『大和物語』や『とはずがたり』に出てきます。八坂塔《やさかのとう》というのが八坂神社の南のところにありますが、その塔がピサの斜塔みたいに傾いていたのを直さねばならないと天皇が言ったら、浄蔵が、わたしが行って直しましょう、と言って、睨んだらもとへ戻った。

それから修行して家に帰ってきた。ちょうど堀川の一条ぐらいのところにきたら、父親の三善清行が彼の帰ってくる前に死んで、その葬式と出遇った。そこでお経を読んだら生き返ったのです。それでそこから家へ戻ったので、その場所を「一条戻橋《もどりばし》」というのだと書いてあります。そういうことができた。

それから修入という比叡山の坊さんと験競べをした話が、『古今著聞集』に出ている。二人向かい合って真ん中に置いてある石を浄蔵がグッと睨んだら、その石が起き上がった。そうしたら修入のほうが「この石うるさい」といって、また睨んだら動かなくなった。勝負にならない。それで両方とも一生懸命睨んだら石が二つに割れた、なんて書いてある。笑うような話ばかりですが、どうもそういう験競べは平安時代にはあったらしいのです。

十界修行

修験の入峰修行は、羽黒では冬は寒いので、「春峰」という峰入りができない。そこでお正月の一日から七日ぐらいまでの間に、山伏が集まって酒を飲むのが春峰だった。じつにうまい修行です。一種の延年です。そこで「ありやの浄土の米なれば蒔《ま》くとも蒔くとも尽きもせず、天福地福、福徳円満」というふうな歌をうたいながら舞いを舞ったといいます。夏峰は先ほど申しました。

それから秋峰で、「十界修行」になるのですが、十界修行は『十種修行作法』にあるのと、羽黒のと少し違いますが、「修行作法」ですと、一が床堅《とこがため》、二が懺悔《さんげ》、三が業秤《ごうのはかり》、四が水断《みずだち》、五が閼伽《あか》、六が相撲、七が延年、八が小木《こぎ》、九が穀断《こくだち》、十が正灌頂《しょうかんじょう》です。

地獄道からいくのがほんとうだと思います。地獄道から天人道までが、地獄、餓鬼、畜生、修羅、人間、天人という六凡の修行、これは煩悩のある凡人の修行です。それから声聞《しょうもん》、縁覚《えんがく》、菩薩《ぼさつ》、仏というのは、悟りを開いた人の修行で、四聖《ししょう》といいます。こう分けて考えなければいけないので、それにあてていきますと、『十種修行作法』とは違った配列になります。これは天台と真言とでは異なり、真言のほうは正灌頂、仏道からだんだんと地獄道へいく。こわいのがいちばん後になる。それから天台式にやると地獄道から仏までいくといったりしますが、これは理屈でして、真言のほうは金剛界とあるから悟り、この修行の結果として得られた悟り。それから胎蔵界というのは、ちょうど子供がお腹に入って生まれてくるみたいに、これは出発点です。これは因です。因から果にいくというのが常識です。これは天台でとっている考え方です。これは従因至果《じゅういんしか》。因より果にいたる。

それからこんどは一度悟ってしまって、それから普通の生活に戻ってくるというのが、真言のほうのとり方です。これは従果向因、果より、悟ったところから凡俗の方向に向かっていく。

これはみな理屈なんですけど。実際には地獄道から仏道に向かってだんだんと階級が上がってゆく。最後には大日如来と行者とが一つになるというわけです。そのいちばん最後の「正灌頂」だけ話しますと、そのとき正灌頂道場というのをつくりますが、それは道場かざりに天井から妙なものを下げます。扇子を三つ合わせますと円くなります。この円くなったものを上へ置いて、それから白い布を二メートル、一メートル九〇といいますが、赤い布を一メートル、それから麻を下げるわけです。笠の下から布と麻の紐《ひも》が下がっていると考えればいい。麻には穴あき銭を三十六枚下げたりしますが、これは羽黒修験のほうの解釈です。羽黒修験は、天宥という人の頃にいろいろと事が変わり、金剛界、胎蔵界というのを男女で解釈する。これは密教のほうでは左道《さどう》密教といって邪道ですが、山伏のほうでは左道は非道に入っているのです。妻帯しますから。そういうことで、お母さんの胎内だ。赤いのは血管であり、白い布は筋肉です。そして麻は骨であるということを説きます。そして、これが下がっているところに行者を坐らせて灌頂をさせますと、赤ん坊が生まれてくるという形をとる。

しかしこれは左道的な解釈で、ほんとうをいうとこれは「天蓋《てんがい》」です。天蓋ですから、仏さんの上にある天蓋というのが一つです。この天蓋の問題というのは、またいろいろそのほかに関係があり、日本のいろいろの芸能の花笠《はながさ》とか、花のからかさとかになってきますが、もう一つは屋根から行者を下げた地獄道の行を兼ねているのです。これに下がっていることになっている。上から行者を下げて、そして地獄道の業秤《ごうのはかり》の「覗《のぞ》きの行」をさせているという形をとるのです。そのために「及位」と書いてノゾキと読ませている。ところがこういうふうな行をするところがあると、その場所もノゾキという地名になり、現在、奥羽本線の山形県と秋田県との境に及位という駅があります。

そういう地名までできるようになりますが、ほんとうは地獄道の行をさせることと、それによって即身成仏したことを一つに表わそうとすると、こういうふうな形になる。これが覗きの意味であり、同時に正灌頂の意味でもあります。ただ真言を唱えて印を結んで、そして無念無想になったら仏になるというような、そういう観念的なものではなしに、実際にこういう「罪滅ぼしの行」をさせることによって仏にするのだ、これが修験道の一つの行の極致である、ということをここでは示しているわけです。

羽黒山の道場飾りと及位《のぞき》（中央）

そうすると即身成仏をして出ていくと、ひとの病気を治すこともできるし、未来もわかる、という験がつくわけです。しかし左道のほうからいいますと、生まれかわって山から出てくるのだから、そこで出成りのときには産声《うぶごえ》をあげなければいけない、ということになって、山から出てくるときに、「エイエイ、オー」といって、産声と称するものをあげることにしています。

第三講　日光修験の入峰修行

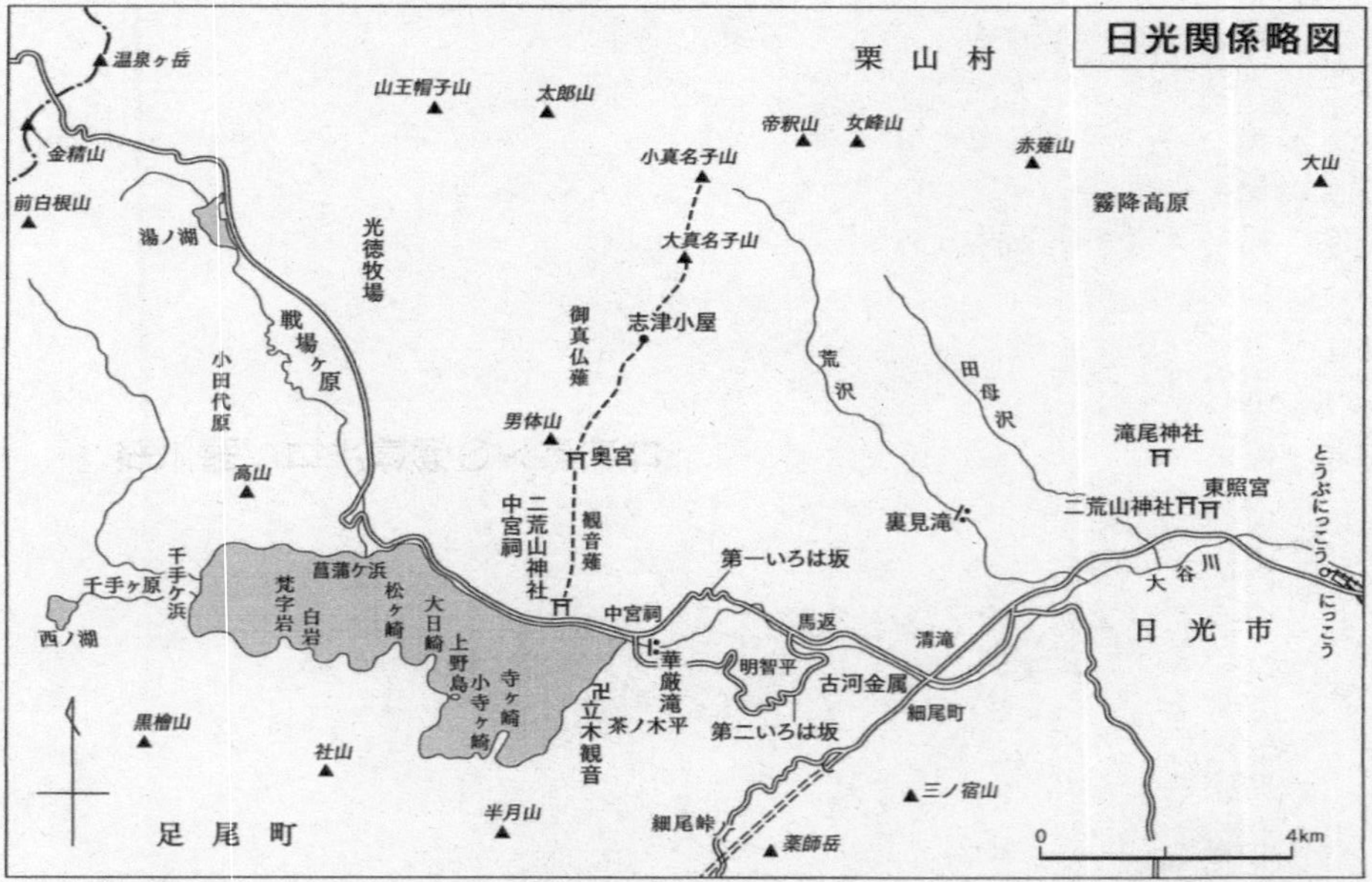

日光関係略図
栗山村
温泉ヶ岳
山王帽子山
太郎山
帝釈山
女峰山
赤薙山
大山
金精山
前白根山
小真名子山
湯ノ湖
大真名子山
霧降高原
光徳牧場
志津小屋
戦場ヶ原
御真仏薙
荒沢
田母沢
小田代原
男体山
滝尾神社
奥宮
とうぶにっこう
東照宮
高山
二荒山神社
中宮祠
観音薙
裏見滝
二荒山神社
千手ヶ浜
菖蒲ヶ浜
第一いろは坂
大谷川
千手ヶ原
梵字岩
白岩
松ヶ崎
大日崎
中宮祠
馬返
清滝
日光市
西ノ湖
上野島
寺ヶ崎
小寺ヶ崎
華厳滝
明智平
古河金属
にっこう
立木観音
茶ノ木平
第二いろは坂
細尾町
黒檜山
社山
三ノ宿山
半月山
細尾峠
薬師岳
足尾町
0
4km

(昭和五十四年現在)

勝道上人の開山

だいたい、修験道の山伏は非常にぜいたくでして、みな日本一の景色の所へ自分の本拠をつくります。国立公園や国定公園になっている所で、修験遺跡のない所はまずないといっていい。心を澄ます、ということで、山や川や湖の因縁のある所に本拠をつくるということもあります。俗に「煙霞《えんか》の癖《へき》」といいますが、のちになると山水の庭園を造る、庭園の好きな人を「煙霞の癖」ということになりますが、本来はそういう山水の美しい景色の中に、自分の身を置いて心を澄ますことです。これが山伏の「禅定《ぜんじょう》」というものです。禅定というのは、そういう心を澄ます行です。そういうことで、日光はまことに景色のいい所で——近頃は観光化しすぎてホコリっぽいですが——、ここが日光修験という大きな集団をつくった場所になります。俗に「関東の雄」といわれ、関東一円に霞場《かすみば》を持った修験集団です。関東には箱根もあり、丹沢《たんざわ》山の丹沢修験もあり、高尾山という東京の西部の山も修験の道場があった所です。赤城山、妙義山、榛名山《はるなさん》もみな修験のあった所です。そして日光がその全体を制覇しておった。

開山は勝道上人という方です。だいたい開祖というものは伝記がわからないのがふつうですが、勝道上人はかなり伝記がわかります。

それは同時代人の弘法大師が「沙門勝道山水を歴《へ》て玄珠《げんしゅ》を瑩《みが》くの碑」という、この人の事績を書いた碑を建て、碑文を書いたからです。現在の日光輪王寺《りんのうじ》の中の三仏堂のそばにあるのは、もちろん新しい碑ですが、もともと建てられていたものと思います。弘仁五（八一四）年に書かれ、この碑文は弘法大師の詩文集『性霊集』に入っていて、疑う余地のない史料になっています。

「玄珠を瑩く」というのは、悟りを開くという意味です。山水を登ったり渡ったりして、そして悟りを開いたことを記した碑であること。これは、たいへんな名文で、またたいへんむずかしい文章です。

神護景雲元（七六七）年、勝道上人はこの山へ登ろうとした。ここへ登るまでに古峰ケ原《こぶ》で三年間修行をして、二荒山《ふたら》、今の男体山《なんたいさん》登頂を試みるのですが、道に迷って中腹まで行って戻ってきました。それで天応元（七八一）年に再度試みたがこれも失敗します。そして翌天応二年、満を持して挑戦します。それは裏側から登ったように書いてあります。そ弘法大師は伝聞の誤りをおかしています。京都にいて日光のことを書いたので地理的によくわからず、裏から登ったように書いている。頂上に立ったら、前に大きな湖、中禅寺湖があったと書いてありますけれど、これは誤りだと思います。

男体山登頂

実際、男体山へ登るには、鹿沼《かぬま》市から大芦川をさかのぼって古峰ケ原へ行きます。そして古峰ケ原から緩い峰道をたどり、薬師岳へ行きます。途中、修験の遺跡の金剛堂というのがたくさん建っています。石像の金剛童子が祀ってある。祠《ほこら》のあるものもあれば、ないものもあり、今ではどこへいったかわからないような所もあります。

薬師岳から左に細尾《ほそお》峠へ下ります。まっすぐに湖岸に向かって下っていくと、茶ノ木平へ出ます。茶ノ木平からは男体山の雄大な眺めと、湖水の眺めとを一望にできます。

それからまっすぐ北に登ると、華厳滝《けごんのたき》の上へ出てしまう。しかし、昔はそれを西のほうの歌ケ浜へ下った。これが現在の中禅寺です。

そこから観音薙《なぎ》という、まっすぐに登っている道が勝道上人の登った道だと思います。

現在（昭和五十四年）でも八月の一日から十日までが「お山開き」です。信仰の人はその間にみんな講中の先達《せんだち》に率いられて登る。二荒山神社の裏に門があり、それが十日間しか開かない。横から通ったら登れるけれども、正式に登ろうと思えば、開いたときに登るのです。

したがってこの十日間は対岸から眺めると、登る者、下りる者でまっ白い帯のように見えます。みんな白衣で登りますから、一本の白い帯になって見えるというくらい盛んです。しかし、こちらから登るのは直登ですからたいへん難路です。

私はそこを避けて志津口から登りました。志津口の葬頭河《そうずが》(三途川)のお婆さんの石像のある所ですが、ここから登るととても楽に登れます。志津小屋までは車が行きますので、そこから登ればいい。しかし、それにしても中禅寺湖畔がだいたい一二〇〇メートルほどあるので、あと一〇〇〇メートル、あるいは一一〇〇メートルくらい登れば、頂上に登れるわけです。

上宮・中宮・下宮

しかし、一〇〇〇メートル登るのは、たいへんな坂だということがわかります。勝道上人は神護景雲元年の四月に登ろうとしたけれども、登れなかった。それで天応元年の四月まで、すなわち十四年の間登らないでいた、となっています。

碑には、その間何度も登頂を試みたように書いてあるが、これは私の説ですが、山の頂を踏むことに一つのタブーがあったと考えています。これは奈良時代には、奈良時代という時代が、山の頂を踏むようになった最初の時代である。修験道なり、日本人の宗教観念からいえば、大きな変化の時代であるというふうに考えています。

もちろん女人は禁制ですが、男も登らなかった。そういうことで、登ろうと思ったけれども、雷でも鳴ると、「神様が怒っているのだろう」といって登らなかった。そして麓《ふもと》で修行していた。

そのときの中宮というのが、もとの上宮だったと思います。もちろん上宮と考える理由があります。そしてそのときの中宮というのは古峰ヶ原です。のちの中宮に当たるものが日光の二荒山神社、今の輪王寺のある所です。またもとの四本龍寺《しほんりゅうじ》、あるいは満願寺というお寺のあった所で、現在の日光の町です。それが中宮でした。

下宮は宇都宮です。宇都宮の二荒山神社で、いずれももとの官幣大社ですが、「太郎大権現」といわれた宇都宮二荒山神社です。こういうふうに、やがて上宮、中宮、下宮が一つずつずれてくる。つまり頂上のほうが上宮になる。

それで、中宮が中禅寺湖畔になり、下宮が日光の町になる。日光のほうに四本龍寺ができるようになると、古峰ヶ原という、もとは日光修験のいちばん根本の聖地であった所が脇大宿《わきおおしゅく》になります。大宿というのは山伏集会所です。しかし、集合の場所は日光にとられて、古峰ヶ原は脇大宿というものになる。

天応二年の三月、今なら五月に勝道上人はとうとう頂上を踏んだ。前に述べたように、「沙門勝道山水を歴て玄珠を瑩《みが》くの碑」にその次第が書かれている。勝道の修行の実態はなんであったかというと、「求聞持法《ぐもんじほう》」というものだった。弘法大師が勝道のために碑文を書いてやったのも同じ系統の修験に属したからです。

吉野修験は、この「求聞持法」を修行の手段にしました。「求聞持法」は養老二（七一八）年に翻訳された密教のお経で、養老三年に、十八年の留学の末帰ってきた道慈――大安寺を開いた人です――が持ってきた。

それがじつに早く伝わりました。白山を開いた泰澄も養老三年には「求聞持法」をやっております。勝道は奈良時代の末のころになって、この「求聞持法」をやるわけですが、それより遅れて延暦《えんりゃく》十（七九一）年前後に弘法大師も「求聞持法」を吉野でやって、どんどん山の中へ入っていったら、非常に平らな所へ出た。そこが高野山です。

聞持というのは記憶という意味で、聞持を求める法です。これをやっているので、勝道の修験は吉野系の大峯から出ているといえるわけです。

古峰ケ原と天狗

古峰ケ原は神秘的な、標高にして一二〇〇メートルくらいの高原ですが、その高原を下った所にある勝道の三年修行の地が聖地になり、その下にあった脇大宿の金剛堂が現在の古峰《こぶ》神社です。

古峰ケ原といえば天狗《てんぐ》と考える人があれば、それは関東の人でして、古峰ケ原は天狗の名所ですが、それは金剛童子というものが、天狗だったからです。金剛童子というと、大峯に「おしめに八大金剛童子、懺悔《さんげ》　懺悔　六根清浄《ろっこんしょうじょう》、おしめに八大金剛童子……」という唱え言があり、それを唱えながら山へ登りますが、全国的にこれは山へ登る掛け声になりました。大峯にもやはり八大金剛童子がいたわけです。

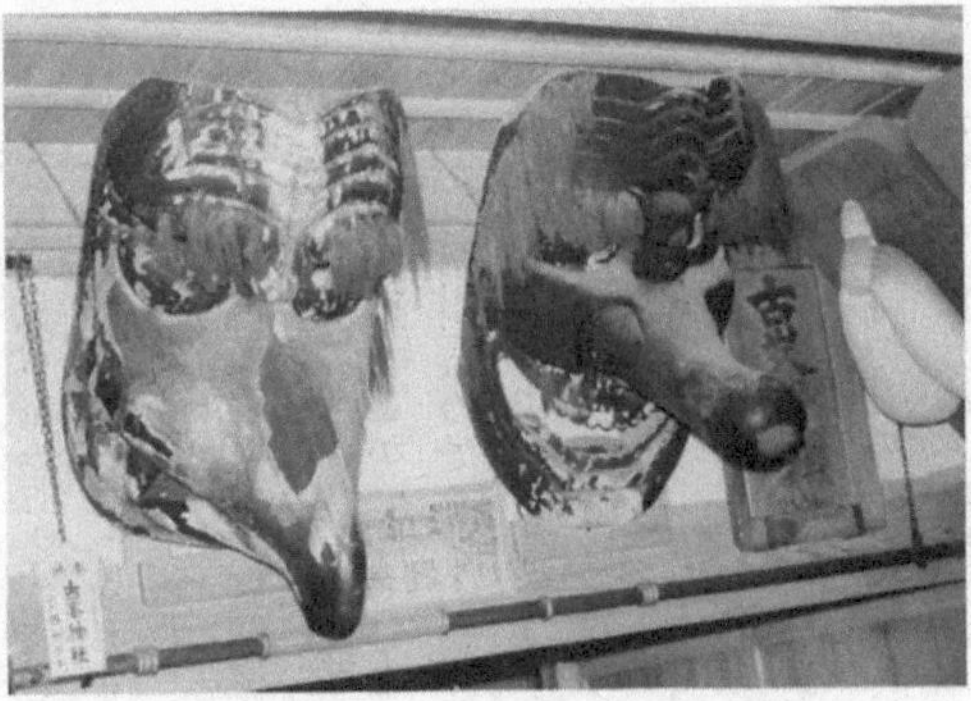
大天狗面（栃木県鹿沼市、古峰神社蔵）

八つの山の山の神が、すべて役行者《えんのぎょうじゃ》なり、あるいは山伏に奉仕する召使の形をとったものが天狗です。同時に金剛童子でもある。童子というのは召使という意味で、子どもという意味ではない。そういう意味でこの天狗の概念が、だいたい鎌倉の末くらいからだいぶ変わってきた。天狗の面はたいてい対《つい》であり、男と女の対にする場合もあるし、火の神と水の神というふうに対にもした。火の神だけですと、かえって火事になってしまう。水の神だけですと、やっぱり洪水になってしまうというようなわけで、ペアにして功徳を和らげるということで、天狗の面はたいてい二つが対になったものです。

それから天狗は飛ぶことができる。そして天狗は大木にいるのだという信仰ができた。それで木の下で天狗の祭りをします。神楽とか田楽をするとき、伽藍《がらん》様の祭りといっているのは、みんな天狗の祭りです。

伽藍を守る伽藍神です。伽藍様の祭りという場合はお寺を守護する祭りで、大きな木の根元で祀ります。そういうのは、民俗芸能のほうではきわめて顕著なことで「ミヤ天狗」とか「ハラ天狗」とかいっていますが、みな大きな木のもとで祀ります。

それから岡山県のですと、「護法飛び」というのがある。これは美作《みまさか》方面で、現在（昭和五十四年）ではもう三か所くらいしか残っていないが、やっぱり天狗が飛ぶ。「護法実《ざね》」という行者になる人が十日なり、一か月なりの行をしていると、天狗が憑《つ》き、その人が飛ぶのです。御幣を持って山から下りてくるときに、ほんとうに天狗が憑いているのかどうかしりませんが、ポンポン、ポンポン飛びます。

「ア、もう、ついてる、ついてる」なんてみんな期待して見ている。言い伝えでも一丈二尺くらいのお寺の石垣を飛び上がったり、飛び下りる。それで護法が憑いたら、飛んでしまわないように介添えが両脇から押さえます。放したら、ほんとうに飛ぶかもしれませんが、押さえております。しかし寺の屋根を飛び回っている。そして三人で走り回っている間に、疲れると石に腰掛ける。そこへみな伺いをたてにいく。天狗の託宣です。そういう行事が「護法飛び」というものです。たいていはなにか悪いことがあると、その伺いをたてにいく。病人が癒《なお》るかどうかというようなことまで伺いをたてる。そういうふうな「護法飛び」「護法憑け」という行事があります。

男体山と湖水信仰

日光修験の文献は、記録としては平安の末ごろからありますが、今残っているのはその時代のものではなく、鎌倉時代くらいの記録です。

そのなかで『中禅寺私記』がいちばん古い。『満願寺三月会日記』は天安年間（八五七―八五九）でちょっと古すぎますが、『二荒山千部会縁起』は平安末期のもので、そういう時代には、中禅寺は今の二荒山神社のある中宮祠《ちゅうぐうし》の所ですが――これもいろいろ調査してわかってきたことです――、もとの二荒山の神宮寺に当たるものは、今はほとんど遺跡はありませんが、この湖岸の南のほうにあった。

上野島《こうずけじま》というのが、勝道上人の埋められた所です。ですから本来は、遺跡は南の岸のほうにあったと考えられる。現在は日光修験のいちばん中心になる男体山の本地仏は、千手観音ということになっていますが、古い記録では男体山というのは大日如来です。「大日五大尊」と書いてあります。大日如来のほかに、その化身として不動明王と大威徳明王と軍荼利夜叉《ぐんだりやしゃ》明王、降三世《ごうざんぜ》明王、金剛夜叉明王が中心にある。大日というものの現われが、じつはその五大尊で、大日の直接の現われは、教令輪身《きょうりょうりんじん》といって不動明王です。大日はやさしいから、信心しないものはなかなか入って来ないので、不動明王が恐い顔をして、仏教の信仰に入らないものはたたんで斬ってしまう、といって刀を持ったり、それでもきかない者は縛ってしまうというので綱を持っている。無理矢理に信仰に引きこもうとする。これは大日といっしょのものです。そういうような現われが四つあり、合わせて五大尊になります。これが本尊であるということです。寺はだいたい大日崎から上野島の岸にあった。もとの神宮寺ですね。後に今の中宮祠のほうに中禅寺が移ったということがいえる。

中禅寺が北岸のほうに移ったのは、山を拝むのではない。山は中禅寺の所に行ったらわかるように、頂上が見えません。すぐ上ですので。観音薙《なぎ》のゴロゴロした石くらいは見えますが、頂上は見えません。この南岸に来てはじめて頂上が見える。

箱根でもそうですが、じつは「湖水信仰」というものがあり、山だけ拝んでいるのではない。むしろ麓の農民たちにとっては「水源信仰」のほうが大事です。山は自分たちの生活の場であり、獲物をとる場所ですから、狩人や木樵《きこり》にとって山は大事ですけれども、農民にとっては山はべつに目印になるわけではありません。漁師にとっては航海の目印ですが、農民はべつに動くわけではないから必要はない。

しかし、山は自分たちの耕作に必要な水をもたらしてくれる。それで、この中禅寺が水源信仰の対象となった。直接中禅寺湖から出る大谷《だいや》川、あるいは大芦川です。古峰ヶ原のほうの大芦川のいちばんの水源が「巴の宿《ともえ》」、あるいは「深仙《じんぜん》」と称する場所から流れ出す。

ここは非常に神秘的な感じのするところです。水が湧《わ》き出してくる。そしてその湧水が巴の形で、流れ出してくる。橋を渡ると、この中が島になっています。ここに勝道上人の三年間修行の跡がある。日光の山伏たちはこの山に修行に入るとき、ここで七日間の断食をしてきた。そういう聖地になっております。まったくの水源です。そして古峰ヶ原という湿原を流れて大芦川になり、大芦川から思川《おもい》になって利根川に流れ込みます。

思川というのは、物忌川《ものいみ》という意味で、〝清らかな川〟という意味です。そういう水源信仰ですから、山上の湖というのは非常に神秘的なもので、そこに水神がいる。水の神は、たいてい女神ということになっている。この水神を祀ったほうが中宮祠の中禅寺と推定するのが妥当です。

補陀落禅定と神戦

また、勝道が十四年も中禅寺湖畔で暮らしたのは、山の神を祀るよりは、むしろ水の神を祀っていたためと考えることができるので、その千手観音のいる世界を「補陀落《ふだらく》世界」、観音の世界という。梵語《ぼんご》で「ポータラカ」というのですが、海上の島です。

そうすると、むしろ二荒《ふたら》というものを、今は逆に考えているわけです。「二荒山」というのが元々あって、そして仏教的にこれを「補陀落《ふだらく》」と読んだというように考えがちですが、実際には補陀落のほうが先で、観音信仰によって、この湖なり山なりは「二荒山《ふたらさん》」あるいは「補陀落山《ふだらさん》」と呼ばれ、これが二荒山となる。従来の考え方の逆が、ほんとうだと思います。

どうして二荒山といったかというと、荒れる神様がいるという伝承がある。中世の史料では男体山を黒髪山といった。それはみんな「荒れる神様」、そして二人の荒れる神様がいるというので、フダラクが、フタラになる。これを音読みにしますと「ニコウ（二荒）」になり、「ニッコウ（日光）」になる。「日光山」という名前の起こりを考えるうえで妥当であろうと思います。

最初は湖の信仰から、やがて山の信仰に移っていく。湖までは登れたが、人間はそれから先は登ってはいけないという信仰があり、その下に中禅寺が営まれた。それが中禅寺の千手観音の信仰です。そして日輪寺があったことは平安末期の記録に出ており、大日崎とか、上野《こうずけ》島というものから、湖の対岸のほうに最初のお寺ができた。

ここに、湖の岸を舟で回って花をあげて歩く信仰があります。これを「補陀落禅定《ぜんじょう》」という。禅定というのは山伏の修行のことです。拝む場所があり、上野島、大日崎、松ケ崎、白岩、梵字岩へ行き、そこで何日かの行をする。そして湖岸を一周すると、千手ケ浜という所に千手堂跡がありますが、ここにもとの千手観音が祀《まつ》られていた。伝承では、やはりそういう湖の岸を舟で回り、花をあげて歩く信仰がそこにあった。

最初は水の入る所ですから、湖の入口の所に信仰があったものだろうと思います。この千手ヶ浜から西のほうは湿地帯になりますが、それが戦場ヶ原です。千手ヶ浜が戦場ヶ原になって、その戦場ヶ原から今度は神戦《かみいくさ》、神様の戦の伝説ができてくる。千手ということから導かれてくるものです。

「戦場」と書いてしまうので、なにか神様が戦った伝説をつくらなければいけない。そうなると、これは赤城の山の神と日光の山の神とが戦いをする。そのときに何を争奪したかというと、沼を争ったと書いてあります。おそらくこの中禅寺湖のそばには赤沼やあるいは西《さい》ノ湖という沼があるのですが、ここは湿地ですから、戦場ヶ原の中はそういうものでないと話が合わないように思うのです。中禅寺湖を争うというのでは、あんまり足元をとられてしまいますから。戦場ヶ原で赤城山の神様はムカデになって出てきた。非常に大きなムカデになって出てくる。それから日光の神様はヘビになったという。やっぱり水の神様だからヘビになるわけで、ちょうど三上《みかみ》山のムカデと、琵琶湖の瀬田の唐橋の大蛇とがけんかをした話と同じパターンです。

俵藤太《たわらとうだ》が出てきて、瀬田の唐橋に寝ていた大蛇を助けてやる。したがって、ここでは人間がだれかを助けなければいけないのです、話としましては。その人間が猿丸大夫《さるまるだゆう》です。この猿丸というのは狩人《かりうど》の先祖です。この狩人が神戦の手助けをするのです。

猿丸大夫

猿丸大夫の正体はよくわかりません。柳田國男先生も「神を助けた話」の中で神戦に、日光の神を助けた猿丸大夫を話題にしましたが、先生もよくわからずに書いていると思います。前に「おく山に紅葉ふみ分け啼《な》く鹿の声聞くときぞ秋は悲しき」の一首が、どうして猿丸大夫の作品になったかということを書きましたが、『古今集』ではこの歌は、よみ人知らずになっています。

ところが、平安末期の三十六歌仙には三首の和歌をあげて「おく山に紅葉ふみ分け」は猿丸大夫の歌という。平安の末頃になってはじめて猿丸大夫の名前が出る。この名前の出来るのは、ややこしい。

日光ではなくて、宇都宮の二荒山神社に「縁起」があります。その『二荒山大明神縁起』に「温左郎磨《おんさろま》」というふうに出てまいります。神を助けたという意味です。日光の神と赤城の神が沼争いをした時に、温左郎磨が助けた。この温左郎磨というのは真言です。あるいはオンサロバともいい、真言陀羅尼《だらに》の最初につける言葉です。

オンというのは、アーメンというのと同じです。アーメン、とまずいっておいて、サロマというのは、サロバということで「一切」という意味です。一切の仏とか、一切の功徳とかいう、これが「サロマ」です。そういう山伏たちが唱える真言のいちばん頭の所の

「温左郎麿」から、「小野猿丸《おのさるまる》」という名前が出てきた。猿丸大夫の姓は「小野」ですから。柳田先生はそれに気が付かず、「オノ」というものを一生懸命、小野妹子《おののいもこ》だとか、小野小町だとかを探した。むしろその逆で、山伏の唱える真言の陀羅尼の一部をとって「オンサロバ」「温左郎麿」ということで、「小野猿丸」が出てきた。これは山の神に仕える者です。狩人は、みな山の神に仕えるものです。したがってその山の神を祀《まつ》る司祭者でもある。

その山の神に仕えている間に、そこへ高徳の山伏が登ってきた。そこでこの狩人は、自分の山の神の支配する山をあとから入ってきた高徳の山伏に譲ったのです。それで自分と子孫はじつは山のガードマン、あるいはサーバーとなる。それが高野山なら行人《ぎょうにん》というものになるのです。狩人、高野明神あるいは狩場《かりば》明神という。そういう狩人が丹生津比売《にうつひめ》という、山の神様を祀っておった。その狩人が弘法大師に高野山全体を譲ります。そして、その狩人の子孫は行人というもので山伏になった。

ですから行人たちは狩場明神を一生懸命お祀りして、いまだに高野山では〝行人寺〟は、その祀りをたやさない。と同時に、弘法大師に土地をさしあげた狩人たちがいちばん先祖と考えられて「高野明神」といわれた。また祭神になってしまいます。そうすると猿丸大夫も神様になってしまう。そういうふうに、祀るものが祀られるものに変わってくる。これがやはり日本の神様ができ上がってくる原因にもなります。

今の中禅寺は輪王寺の管轄となって、輪王寺から堂番が派遣されているような状態です。輪王寺は、もとは金輪王寺《きんりんおうじ》といいました。金輪王というのは、四大州全体を治めているたいへんな王様です。したがってインドでは、勢力の強い王様のことを「金輪王」といった。それを真似て、後醍醐《ごだいご》天皇が吉野へ逃げ込んだときに金輪王寺をつくった。今、吉野の蔵《ざ》王《おう》堂にお詣《まい》りしますと、宝物館がありますが、そこが金輪王寺跡です。

ところが徳川家康の遺骸《いがい》を日光に移したときに、金輪王の名前をこちらによこせといったので、吉野はそれから「金輪王寺」を名乗らなくなりました。しかし、やはり吉野修験にとっては残念だと思ったのでしょう、その金輪王寺を隠していたのです。「大峯七十五靡《なびき》」の三十八番は「深仙宿《じんぜんじゆく》」で、大峯のちょうど中間にあたります。吉野から数えても、熊野から数えてもちょうど三十八番にある。そのすぐ下にあるのが前鬼《ぜんき》ですが、そこに隠しておきました。それでそこだけが「金輪王寺」を名乗っていた。しかし大っぴらにはできませんから記録にだけ残っています。そういうことで金をとって「輪王寺」とした。

また、金輪王寺はもともとは真言宗ですが、天台宗のお寺になりました。そして江戸幕府の政策で、修験のある山は「学問専一たるべし」とされた。本来、実践がなければ宗教はありえませんし、信仰がなければまたありえない。ところが実践も信仰もやめて学問専一にしたのです。これは修験山伏の牙《きば》を抜く法度だと思います。しかし修行をしないで、そのとおりに金襴《きんらん》の衣を着て、寺領を持って、毎日ご馳走《ちそう》を食べて、けっこうなお寺に住んでいたので、日光修験というのは衰えてしまった。

しかし宗教の問題としては、実践は大事な問題です。現在、修験の痕跡を残しているのは〝延年《えんねん》〟と〝強飯式《ごうはんしき》〟の二つだけです。〝延年〟というのは、山伏が山へ入って行を済まして、そして下りてきたときにする慰労会です。蓮華会《れんげえ》ともいいます。酒盛りをし、いろいろ芸能をやって、験競《げんくら》べをいたします。その中の倶舎舞《くしゃまい》、大衆舞という舞の型だけが残った。ほんとうに型だけです。それも山伏の服装はなく、たいへん立派な服装で舞を舞います。

江戸時代の日光造営というのは、幕府が、大名に金を使わせる政策として行なった。年中造営していたわけですから。日光を造営して三年なり五年なりして済みますと、ただ一つの褒美が強飯です。高盛飯を山伏が持ってきて食べさせる。これは強飯《しいめし》ともいいます。それでなかなか食べられないで残していると、「サア食え、サア食え」と、そばで金剛杖でもって責めたてる。ときには叩《たた》くということで、まわりでもやたらに騒ぎ立てて飯を食わせるのが強飯式です。これが何万両と使ったご褒美です。それが、いつかこの強飯を食べると丈夫になるとか、運がひらけるとかということになった。

今（昭和五十四年現在）、〝強飯式〟に入ろうと思っても、何十万円では入れてくれないのです。したがって大企業の社長を、来年は誰それから十人なんてことで、ずうっと並んでいる。そういう人しか入れないのです。われわれは経験しようと思っても入れない。そういうものを残しているのが日光修験の成れの果てです。

入峰修行・春峰・夏峰・秋峰

日光修験の入峰修行のことを簡単にいいますと、春の峰は、「花供峰《はなく》」という。非常に専門的なことになってしまいますが、ふつう春の峰には花供はないのです。

夏の峰のほうが花供ですが、夏峰の名前が春峰のほうに移っており、これはあまり大きな回峰ではありません。古峰《こぶ》ヶ原に最初登ります。三月三日に大宿開白といって、大宿――集合場所に集まり、十日間の断食・精進・その他の行があり、山へ入るのを「駈入《かけい》り」と申します。そして十四日の日に古峰ヶ原の深仙《じんぜん》に行き、一七日《いちしち》の断食をする。それから山へかかり、大岩山から花立平、龍宿《りゅうのしゅく》、池蔵岳金剛堂を経て、笈吊《おいづる》しの金剛堂へ行く。

笈吊しの金剛堂というのは、崖から笈をブラ下げるのですが、もとは山伏をブラ下げたわけです。それから掛合宿の金剛堂から一一九一メートルの薬師岳の金剛堂へ行き、細尾峠を越えて茶ノ木平、中禅寺湖歌ヶ浜と行きます。そこで船に乗り、湖岸をずうっと「船《ふな》禅定《ぜんじょう》」といって、拝所、拝所に詣りながら、五十五日間の入峰をして、元の道を帰った。

ですからこれは男体山へ登らない。ちょうど春の頃ですから、咲いたツツジなどを上げて回る。

現在は中禅寺湖の流れ口、華厳滝《けごんのたき》から清滝《きよたき》町という所までの間にはいろは坂、第二いろは坂と二つありますが、ここはもとは人間は通れなかったところです。どうしても古峰ヶ原のほうから登らなければ中禅寺湖畔へは出られなかった。自動車が通るようになった現在からは想像してもダメです。ここから登れるだろうと思っても、昔は登れない、たいへんな断崖《だんがい》だったわけですから。もとはケーブルカーもあったが、今はケーブルカーはなくなりました。馬返しからはもうたいへんな道で、四十八曲がりがあるものですから〝いろは坂〟というのです。

そうして清滝町という所が女人道です。そこまでしか女人は行けなかった。その清滝町から登るときには、細尾町を通り、今の足尾道を登るのですが、山伏の正式なもう一つの入峰の仕方に、三ノ宿山というのがあります。今の薬師岳の東のほうに、ずうっと登ってくる道が、元の小さいほうの小回りの回峰行です。

夏の峰になりますと、たいへんでして、秋の峰、夏の峰が日光修験の大きな行だったので、夏の峰には「八連峰禅定」というものがありました。これは「大巡り」です。八連峰というのは、春の峰と同じように湖岸の茶ノ木平まで登ってまいりますが、それから先は湖岸に禅定しないで半月山のほうへ、稜線《りょうせん》を辿《たど》っていきます。

ずっと辿っていきますと白根山へいきます。白根山は男体山よりも一〇〇メートルぐらい高い。二六〇〇メートルほどだと思います。近頃は車が通りましたが、千手ケ浜、金精《こんせい》山と出て、それから白根へ登り、白根から今度は前白根を通って光徳牧場辺りまで下りるそうです。それからまた山へかかり、山王峠から山王帽子山、そして稜線を太郎山へ登ります。日光では男体山がお父さん、女峰山を女体といいますが、この女峰山が女体でその息子が太郎山である。「縁起」では、この男体と女体の間にできた太郎山は馬頭観音であるといわれており、馬頭御前というようにいわれております。

その馬頭御前が、土地の女と一緒になって生まれた子供が猿丸大夫であるという。ですからこの男体、女体からいわせると、猿丸大夫は孫に当たるわけです。そういう線をたどって太郎山へ来てから、大真名子山へ登って、それから御真仏薙《ごしんぶつなぎ》という所を登り、男体山へ登った。

男体山へ登ったら、また今度はもとへ戻り、小真名子山から帝釈《たいしゃく》山、女峰山、そして赤薙山から日光の町へ下ります。この辺は岩窟《がんくつ》と滝とがいっぱいあり、修行に適した聖地ですが、これが夏の峰でいちばんたいへんな峰です。

これも最近では輪王寺の坊さんはやりませんが、中宮祠のほうの二荒山神社の若い神主さんたちは、秋の峰で「八連峰禅定」というのをやっています。修験の伝統を神主さんのほうにとられてしまったわけです。

それから秋の峰は今度は逆に、赤薙のほうから男体山のほうへのぼっていきます。

釘抜念仏

日光の信仰を記した史料に、『寂光寺釘抜念仏縁起』というのがありますが、これが日光の信仰を広げたもとで、今でもわれわれは民俗調査をしますと、意外な所から釘抜《くぎぬき》念仏の五輪塔を見つけることができます。

五輪塔の形を刷ったお札があり、これに四十九日の白丸の穴があいている。人が亡くなったら、毎日百万遍の念仏をおこない、これを墨で埋めていきます。四十九日には全部黒くなる。そうすると、亡くなった人が成仏したといって、「釘抜念仏」という念仏が行なわれました。

和歌山県の山間部の村では、今でもこれをやります。「釘抜念仏和讃《わさん》」というものができていて、死ぬと自分の犯した罪のために、地獄へ行って六寸くらいの釘を四十九か所に打たれる。ところが供養のこの釘抜念仏を唱えるたびに、一本ずつ抜けていく。そして全部が抜け終わったときに極楽往生できるのだという。一つは非常な苦しみ、一つはそれに対する「救い」というものをうたったもので、この版木は今でも日光にあり、お札は出しておりませんが、むしろその地方にその痕跡が残っています。この寂光寺というのは、『弁の草紙』というものに出てくる往生院です。

これも修験の山一般にいえることですが、修験の山というのは、葬式を非常にきらいます。山伏の葬式には、往生院というものを造り、そこだけで葬式をする。京都の鞍馬寺《くらま》もお葬式をしない所です。今でもあそこではお葬式をしないかもしれません。およそ二里ほど京都へ近づいて、市原という所に例の「卒都婆《そとば》小町」の小町寺があります。そこでお葬式をするのです。

その小町寺の道を隔てて西側のほうには念仏寺があります。小町寺のほうは山伏のお葬式をする所です。あるいは、現在ですと鞍馬寺の坊さんの葬式をする。そして念仏寺のほうでは、鞍馬の村人の葬式をする。じつは鞍馬の村は、〝火祭り〟の行事でもわかるように、修験の村だったのです。その村人の葬式のほうは念仏です。どっちにしても鞍馬から二里も離れた所でお葬式をしている。

そんなことで寂光寺も、もとは往生院であって、そこでお葬式をする所だった。その修験のお葬式の行事が、この釘抜念仏であった。この往生院をつくったのは弘法大師であるということで、弘法大師の信仰が非常に普及しております。

『いそさき』と『弁の草紙』

御《お》伽草子《とぎぞうし》、あるいは寺社縁起、修験道伝承というものの破片がお伽噺《とぎばなし》になっていくのですが、その中で日光に関係があるのは『いそさき』と『弁の草紙』です。

『いそさき』というのは、「肉付きの面」というお噺の原形です。肉付きの面というのは、加賀との境にある越前の吉崎という所の話になっていますが、日光の縁起として最初語られたものです。

日光山の麓《ふもと》の、ある武士が都へ大番で出て、都からきれいな女を連れて国に帰った。それを屋敷の門前に囲って生活しているのを見て、女房が嫉妬《しっと》して鬼の面を被《かぶ》っておどかしにいく話です。ところが、びっくり仰天してその女は死んでしまい、同時に女房の面もとれなくなった。幸いにその女房の息子が日光に稚児《ちご》となって上っておりました。それにすすめられて日本を廻国《かいこく》するわけです。それを見て夫のほうも発心《ほっしん》して、入道して廻国する。そして廻国の末、その面が取れたという話ですが、その中で日光の縁起を語っています。

半分くらいは、日光の縁起と仏教の説教です。ですから御伽草子というものは、たんなる物語や、子供や女子だけの読み物として作られたものではなく、もともとは唱導といって、お寺の縁起あるいは本尊の功徳、信仰の功徳というものを説教して教えるものがあり、それが御伽草子となり、その御伽草子が次第に子供向きになっていってお伽噺になった、ということがわかるわけです。

それから『弁の草紙』のほうは、弁の君という山伏の話で、山伏文学には非常に同性愛が多いのですが、これも稚児との恋愛です。そこにまた、中世における日光修験の一つの教団組織が出てきますし、どういう修行をするかも出てきます。その中で、必ず山伏というのは三年間の男体山の山籠《やまごもり》をしなければいけないとある。

それも頂上近くで実践するということで、現在「弁の石」という、死んで石になったとする石が頂上近くにあります。この三年の山籠の間に稚児のほうが死んだので、それを悲しんで、修行のほうを放ったらかして、死んでしまい、「弁の石」になったという話です。これも日光の縁起とか、日光の教団組織から修行形態までをうかがうに足るものでして、御伽草子というからといって、単なる子供騙《だま》しの物語ではなく、その中には非常に大事な宗教性、あるいは歴史が含まれています。

第四講　富士・箱根の修験道

富士箱根関係略図
0
10km
山梨県
富士浅間神社
鳴沢村
富士吉田市
山中湖
上九一色村
朝霧高原
身延線
富士山
宝永山
大日堂
小山町
御殿場口登山道
須山口登山道
御殿場市
南足柄市
神奈川県
御殿場線
台ヶ岳
神山
駒ヶ岳
小田原市
芦ノ湖
箱根神社
富沢町
富士宮市
静岡県
愛鷹山
富士川
裾野市
富士川町
富士市
東名高速道路
湯河原町
東海道本線
新幹線
三島市
相模湾
伊豆山神社
駿河湾
沼津市
熱海市

(昭和五十四年現在)

登らない山

富士山については『常陸《ひたち》国風土記』と『万葉集』巻三の雑、それから『梁塵秘抄《りょうじんひしょう》』に出ています。

『常陸国風土記』に筑波《つくば》神と富士神とは兄弟で、先祖の祭りをする新嘗《にいなめ》の夜、御祖神《みおやのかみの》尊《みこと》が子供の家を訪ねてきた。まず長男の富士神を訪ねていったら、今日は新嘗の晩でどなたもお泊めすることはできないという。潔斎する晩ですから、人を泊めないのが原則です。新嘗の晩には女だけで祀《まつ》って、男は全部家を出払うということもありました。したがって、父親でも泊めることはできないという。仕方がないので、弟の筑波神のところへ行った。そうしたら、きょうは新嘗の晩でだれも泊められないが、父親のことだから新の粟《あわ》をご馳《ち》走《そう》した。それで、御祖神尊は富士神を呪い、あれは不親切な息子だから、将来は雪や氷に閉じ込められて、だれも人の登らない山にしてやろう、と言った。そして筑波のほうはたいへん親切だから、一年じゅう青々と木が繁り、花が咲いて、小鳥がさえずり、嬥歌《かがい》の行なわれる楽しい山にしてやろうと言った。それで富士山は氷に閉じ込められて、昔は六月の三十日に雪がやむとされた。やんだその晩にまた降る、ということを『万葉集』ではいっていますが、そのくらいに雪に閉じ込められる山になったというのが『常陸国風土記』の説話です。

『万葉集』のほうは、巻三の雑に、「詠不尽山歌一首并短歌」というのがあります。その反歌に、

ふじのねにふりおくゆきはみなづきのもち（十五日）にけぬればそのよふりけり

六月十五日に雪が消えたら、すぐその晩に降る、こう詠まれている。

平安の末のころの『梁塵秘抄』には、四方《よも》の霊験所――そこへお参りすれば非常に功徳のある場所――として、伊豆の走湯《はしりゆ》、信濃の戸隠《とがくし》、駿河の富士の山、伯耆《ほうき》の大山、丹後の成相《なりあい》、土佐の室戸、讃岐《さぬき》の志度《しど》の道場が詠まれています。『常陸国風土記』や『万葉集』のころには登らない山だったが、『梁塵秘抄』の書かれるころには、末代《まつだい》上人という山伏が出て、ここへ登ります。登ってはならないといわれると登りたくなる人がいたとみえます。

都良香の『富士山記』

九世紀の中頃、都良香という人が『富士山記』を書いた。前にもいいましたように、霊山はもとは登ってはならなかったのです。それが奈良時代前期に、一種の登頂ブームが起こった。これは奈良時代の一つの精神的背景ではないかと思いますが、いわゆる神秘なるものに対する一つの挑戦が行なわれた。しかし富士山の場合はどうも登られなかったらしい。しかし、この『富士山記』には、そのころに登ったとは書いていないが、どうもそういうふうな話だ、ということを言っています。最後のほうに「底有神池、池中有大石、石体驚奇、宛如蹲虎」とでている。現在でも富士の火口には虎石というのがありますから、やはり虎石を見ているのです。それから頂上のほうは少し広いということも書いてある。周り一里ぐらいあるということも書いてあります。やはり登ったものがあったのです。登ってはならなかったのですけれど。

なぜ、そういうふうに登ってはならなかったかというと、富士が高い山であるということもありますが、「蓋シ神仙《けだ》ノ遊萃《あつ》マル所ナリ」ということで、「神仙の世界」であると考えられていたからです。ところが承和《じようわ》年間（八三四—八四八）、ちょうど弘法大師が亡くなる九世紀のころ、富士山の麓《ふもと》で管玉《くだたま》のようなものが拾われた。いまならどこかの古墳から出てきたと判断するのですが、そのころの人は、富士山の上に仙人がいて、仙人のお宮には玉の簾《すだれ》がかかっていて、その簾の糸でもくさって、その玉がコロコロと転げ落ちてきたのだろうと考えた。たいへん面白い発想だと思います。「山峯ヨリ珠玉落チ来タル。玉ニ小孔有リ」とありますから、管玉か切子玉かです。「蓋シ是レ仙簾ノ貫珠ナリ」、そういうふうに「神仙の世界」であると考えられていた。

それから、山へは登らないけれども、山の見えるところでお祭りをしていた。そのことを貞観《じょうがん》十七（八七五）年十一月五日の事件として、都良香は、おそらく土地の人から聞いて書いたのだと思います。このころの文人は、自分では行かないで聞いただけで書くわけです。だからあまり信用できませんが、これは日にちまでちゃんと入れて、富士山のお祭りを記した。

その祭りに白衣の美女二人が山の頂上で双《なら》び舞う、ということが書かれています。それは幻想でしょうが、羽衣伝説の一つの根元だと思います。こういう美しい幻想的な話も土地にはあった。「巓ヲ去ル一尺余」とあります。頂で一尺余り跳び上がった。美女の足が頂上から離れているという程度の意味でしょう。「土人共見」とありますから、みんなが見ていたので、これは本当だという意味のことを書いています。

黒駒太子

富士山というとだれでも『富士山記』といいますが、聖徳太子がここに登ったという伝説があります。これは奈良時代の『上宮聖徳法王帝説』にはありませんが、平安時代の中頃に書かれた藤原兼輔の『聖徳太子伝暦』には出ています。これも不思議な話で、聖徳太子に甲斐国《かいのくに》から烏駒《うく》という黒駒《くろこま》を奉った。それを非常に可愛がっていたのですが、あるとき、馬丁の調子丸《ちょうじまる》を連れて三日間ほど留守にしたことがある。帰ってきて、自分は三日間、富士山を飛び越して、越中、越後、越前を回って帰ってきたと話したということが出ていて、聖徳太子が富士山を飛んで登ったという伝承が、少なくとも平安時代中頃までにはできている。

だいたい、そのころに山に登った人があって『富士山記』ができたのだと思いますが、急に富士山の頂上をなんらかの形できわめることが起こってきたと思います。

別には「黒駒太子」といい、聖徳太子の一生を描いた『聖徳太子絵伝』というものは、もちろん四天王寺にもありましたし、法隆寺にも絵殿《えどの》というのがありましたが、そういうところに描かれていたのです。

黒駒太子画像（岩手県東和町〈現、花巻市〉阿弥陀堂蔵）

ところが、これが民間信仰になると、聖徳太子の一生の中で、とくに富士山を越える聖徳太子の像が製作され、これを死んだ人の上で三度かざせば往生する、極楽へいく、という信仰ができた。東北地方ではきわめて一般的なことで、いまでも「マイリのほとけ」といえば、「黒駒太子の絵像」を本家筋が持っていて、お葬式がでるとそれを貸してやる。そのことは江戸時代から注目されていて、越後《えちご》の南魚沼郡（現・南魚沼市）の文人で、いろいろなものを書いた鈴木牧之《ぼくし》は『北越雪譜』の中に、信州と越後との境の秋山郷のお葬式は、お寺もないし坊さんもおりませんから、雪のあいだ半年間は「黒駒太子の絵像」がないとお葬式ができなかったということを書きました。それを柳田國男先生が見て、もっとほかにあるだろうと探したら、東北地方には今でもあるのです。

なぜこういうことになったかという問題は、一つは、亡くなった人の霊が富士山にいくという信仰があったことを証明するものだと思います。もともとは、そういう霊の去来は馬によってなされるわけです。だからお盆のときにはガッギ馬といい、わらの馬を作る。いまはみんな民芸品になってしまいましたが、わらやこもで作った馬とか、なすやきゅうりでもって馬や牛の形を作る。そういう霊の乗物が馬であるということで、それと聖徳太子の霊験とが結びついて「黒駒太子」の信仰ができたものと考えられます。

そうすると、富士山はほかの山と同じように、やはり霊のいく世界である。したがって山を管理するのは山伏であったので、山伏は霊を司《つかさど》るものだった。だいたいその山の神のもとの姿は死者の霊ですから、山伏というのは、それを司るものだった。

役行者と末代上人

もう一人、富士山に登った人としては役行者《えんのぎょうじゃ》がいます。役行者が富士山に登ったという伝承は、『日本霊異記《りょういき》』に出ています。いろいろの神通力を持った役行者が、最後には葛《かつら》城《ぎ》の一言主神《ひとことぬしのかみ》の讒言《ざんげん》の託宣によって伊豆国《いずのくに》に流される。しかし役行者は、陸地を歩くように海の上を歩いた。それから万丈の崖の上にくぐまっておって、崖の上から飛ぶ。そうすると、さながら鳳凰《ほうおう》のように飛ぶことができた。どうもこれを見ると、地面からは飛べなかったもののようです。アホウドリみたいに、高いところから飛ばないと飛べなかったみたいです。そして伊豆の島にいて、夜は駿河《するが》の富士峰へ行って修行をした。

これが『富士山記』にもあるように、役行者もここを踏んだということができる。しかし、それは役行者のような人だからできたので、一般の人はいけない。

ところがそこに末代上人という人が出た。この人は京都に出てきたので記録に載った。それまでにも無名の富士山登頂者があったと考えていいと思いますが、『本朝世紀』の久安五（一一四九）年四月十六日条に出ております。「是則《これすなわち》駿河国ニ一上人有リ、富士上人ト号ス。其《その》名末代ト称ス。富士山ニ攀登《とうはん》スルコト已《すで》ニ数百度ニ及ブ」。これも大袈裟《おおげさ》かもしれません。「山頂ニ仏閣ヲ構フ。之ヲ大日寺ト号ス」とありますが、大日寺というのは本来は村山口にあった。だから山頂ではなくて中宮にあったのです。「富士浅間曼荼羅《まんだら》」

には、山頂に大日如来が描かれていますが、これは仏の霊がそこにおいでになるというので描かれているので、実際の仏閣というのは、大日寺は村山口というところにあり、そこに辻之坊、池西坊、大鏡坊という三つの坊があって、その中の大鏡坊が富士宮の浅間《せんげん》神社の神主になり、富士氏という姓を称します。池西坊は北畠《きたばたけ》氏で、辻之坊というのは早く衰えます。

この末代上人は「伊豆日金山《ひがねやま》にその旧跡あり」といわれています。日金山というのは十《じっ》国《こく》峠です。そこには東光寺というお寺があります。富士山と伊豆山と相模《さがみ》との要《かなめ》になるところです。ですから、のちには富士山の修験の修行方法が箱根に入り、箱根の修行方法が丹沢修験に入った。こういうことで三つが共通であるといわれております。

中宮、村山口

登ってはならない時代には、遠くから眺める場所が、その神の分霊のおるところとして神聖視されたのだと思います。いまでも木曾御嶽《おんたけ》の遥拝所というのは石仏や石塔がたくさんあり、神聖な場所です。伯耆大山も周りにたくさんの遥拝所があり、そこでお祭りが行なわれる。

そういうことで、富士山の周りにもそうした遥拝する場所があって、そこがのちの下宮に当たる浅間神社のできるところです。遥拝所が下宮になります。

そうすると、富士山の中宮はいったいどこだということになります。もちろん山頂は上宮です。浅間神社所蔵本の曼荼羅に描かれました村山口というのが中宮だったのです。村山山坊というところに浅間神社がありました。現在でもあるのですが、しかし下宮のほうの富士宮市の浅間大社が、大宮口になってしまい、村山口という名前は消えました。

村山口は、もとは南から登る正道だったのです。ところが村山口を保護したのは静岡の今川義元《よしもと》だったので、徳川家康が駿府《すんぷ》をとりますと、富士宮の浅間大社のほうにすべて権力を渡して、中宮の村山口の修験の勢力をそいでしまいます。それでいま村山口といっても、ほとんど知る人がいないようになってしまったのです。もちろん吉田の北のほうから登る北口はあとで開けたものです。平安・鎌倉時代は村山口です。室町期頃になり、東から登る須山口と須走口《すばしり》という、現在の御殿場口が開けてくる。ということで村山口はいちばん大事です。これが中宮です。富士山の八合目から上は村山修験の勢力範囲で、この中へ入るためにはかならず、百三十三文という妙な端数のついた山銭をとられた。山銭、もしくは山役銭というものです。

ところが、家康が富士宮のほうにその権利を与えましたので、富士宮の神主がそれを取ることになり、それから村山修験は衰えてしまった。

その山銭をとった決定的な裁許は、享保《きようほう》十七（一七三二）年に寺社奉行によって出された。これは歴史を無視した不公平な裁判の一つだと思います。

この不公平な裁判の記録をもとにして、富士宮浅間大社は、最高裁判所までこれを持っていって、静岡県から富士山の八合目以上を奪い取った。だから現在は八合目以上は富士宮浅間大社の所有です。

しかし神体山というのではないのです。奈良の三輪山《みわ》にしても神体山ではなく、「神奈備《かんなび》」の山です。山の神様を祀《まつ》るときに、山の中に仮宮を造ってお祭りをする、いわば社《やしろ》です。宮代《みやしろ》というのは、平生建物がなくて祭りのときに家を建てる、その屋敷地のことです。社殿ではなく、じつは土地です。だからお祭りのときに、三輪山にしても、そこに仮宮を造ってお祭りして、あとは撤去してしまう。そういう場所として神聖視されておったのです。一神社の私有すべきものではない。

そういうことも山伏の管理から神主の管理に移って起こったことですが、だいたい、富士山もほかの山と同じように死者の霊の往く山という考え方があった。したがって富士山には地獄があるという信仰が、あとで述べるように出てきます。

富士講と富士行者

ところが富士山には特別の信仰ができてくる。富士山信仰史の上で、江戸時代の文化・文政(一八〇四—三〇)のころに富士信仰がたいへん流行《はや》りました。「富士講」というのができて、いたるところに富士山をつくります。高いものは一〇メートルくらいもある。駒込の富士神社の富士山はそのくらいあるでしょう。たいてい、一メートルか二メートルぐらいで、三歩も登って下りてしまうのです。それで富士山へ登ったことにする。

いま、八十八か所の「お砂踏み」といって、十歩ほど踏んだら四国ぜんぶを回ったことになったり、西国三十三か所も同じようなことが行なわれますが、そういうものが流行って、なおさら一般化したのですが、そのいちばんもとになったのは中世の富士行者です。

どうしてそんなに流行ったかというと、長谷川角行という人が人穴《ひとあな》に入定《にゅうじょう》したことが一つです。永禄三（一五六〇）年から富士の人穴に籠《こも》り、そこから出て諸国を遊行したりしながら、じつに百六歳までそこに籠っておった。そして正保《しょうほう》三（一六四六）年に百六歳で亡くなっていますが、この角行が富士行者の修行方法をはじめました。この角行の伝統をひくのが、村山光清《こうせい》で、山伏の村山派というものができた。それに対抗するために、もう一人の食行身禄《じきぎょうみろく》という富士行者が出て、両方が行力を争うわけです。

食行身禄については、新田次郎氏が、『富士に死す』という小説にくわしく描いています。身禄は自分の家の庭に富士山を作り、そこから富士山を見ながら座禅をする。そういう行を続けながら、自分は六十八歳になったら富士山の人穴で入定する、と宣言していたのですが、どうしたわけか六十三歳で入定した。たいていなら自分が宣言したときよりも遅いのが当たり前ですが、五年早く入定した。それが享保十八（一七三三）年です。

彼の言行録のようなものは、お筆先《ふでさき》みたいなもので、われわれのわからない字で遺っていますが、それによると、四民の難苦を一身に背負って入定したようです。病気で苦しんだり、貧乏で苦しんだりする人たちの苦を代わって受ける。そういう行として苦行もし、死にもするのです。命をもって贖《あがな》うことはいちばん高い贖罪《しょくざい》の仕方ですから。こういうのは「代受苦《だいじゅく》」の死であり、そしてそういう苦の因になるのは罪ですから、罪を自分の生命でもって贖う。贖罪死でキリストと同じことです。それが山伏の入定というものです。それを食行身禄は断行したわけです。

このころになり吉田口、北口と、もう一つ川口口とがありますが、これが富士講行者の登るようになったものです。ですから吉田の浅間神社の境内には、長谷川角行と村上光清と伊藤身禄の三人の祠《ほこら》が祖霊堂という名前で建っています。

富士行人と行屋

そのほかに富士行者に対して、富士行人というのがあった。一般の人々が富士山に登るときには行人というのです。プロの山伏でなくて、一般の信者で、なにか心願を持って富士山へ登るときには富士行人といいます。「富士垢離《こり》」という水垢離をとることが行人の最大の条件です。修験道、山岳信仰のいちばん大きな条件は、清めるということです。清めるというのはべつに体を清めるのでなくて、心身ともに清めるわけです。もと、浴《ゆあ》みというのは水を浴びることだったのです。水を浴びて冷たいときに精神は清まるのです。体を清めるのではなくて精神を清めるのですから、風呂《ふろ》へ入って、「いい湯だな」といっていたのでは清まらない。

そういうことで、五月二十五日から六月二日まで一週間の間かならず水垢離をして、それから登ります。富士行屋というものがあり、そこで水を浴びるのですが、江戸時代には京都にもたくさんあった。洛中で五十九の行屋、洛外で二十三、合わせて八十二もあった。江戸以外では、比較的東海道から近畿地方に富士講は足を延ばした。しかし、関東地方の農村は主に出羽三山――湯殿山、羽黒山、月山――が信仰の対象でした。ですから関東のほうの行屋は出羽三山に詣《もう》でるための行屋です。長塚節の『土』という小説の中に、行屋がいくつも出てきますが、常陸《ひたち》・下総《しもうさ》の農村を書いていますので、いずれも出羽三山詣での潔斎をする行屋だったのです。

そうして富士行人が登ったときに、村山口で支払わなければならない山役銭が先程いったように百三十三文。これはまた六道銭といい、そこから上は六道である、地獄・餓鬼・畜生・修羅・人間・天という六道の世界であるという考え方がある。だからそこから上へ入ることは死んで入るわけです。

入峰《にゅうぶ》というのは前にもいいましたように、一度死ぬわけです。山の中は一定の場所から上は死者の世界である。そこから下は生きたものの世界である。ここから入るときには一度死んだことにして入る。ここでなめるいろいろの苦しみは、すべて六道の苦しみです。

それから腹も減るし、喉《のど》も渇くし、畜生道の重い荷物も背負わなければならない。そうすると罪が消えるわけです。六道を巡ることによって罪が消えますから、それからこんどは清らかな心身をもって、生命力を新たにして、そこから出てくる。これが「山と六道」との関係です。

「富士浅間曼荼羅」というのが三点ほどのこっていますが、現在のそれには地獄が描かれていない。「参詣図《さんけいず》」といい、これを村山修験が地方へ持ってまわり、富士山へお登りなさい、登ればこういうところへ着いて、こういうところにお宮があって、こういうところに宿坊があって、そこから二合、三合と登っていって頂上へ行くと、こういうものがある、というようなことを絵解きしたものです。

曼荼羅というのはだいたい拝むものですが、修験のほうの曼荼羅は主に「参詣図」といって、お詣《まい》りしたときの案内図みたいなものです。北陸の立山にもそういう参詣図が、のちに刷り物になって出ております。「山絵図」とも申します。地図を蒐集《しゅうしゅう》なさる方は山絵図を非常に大事にして集められますが、もとはかならず富士なり、あるいは立山なり白山《はくさん》なり、そういうところへ登れば、おみやげに買ってきたものです。富士山の場合、その原本に当たるのが「富士浅間曼荼羅」です。大日如来が頂上に描かれているので、富士山は大日如来を御本地《ごほんじ》とすることを説いたものだと思います。

そういうことで富士山の登り口には、共通して大日堂というのがあった。いまは、みんな浅間神社にかわりましたけれども。

浅間と人穴

浅間《せんげん》というのは、アサマということでしょう。アサマとかアサとかいうのは、火という原アイヌ語と推定される言葉です。火を噴いているところだからアサマになる。阿蘇もアサから転じてアソとなったのです。火を噴く山という意味です。浅間と書いてのちにセンゲンと読んでしまったわけです。センゲンと読むからは、かつては千手千眼観音を本地仏とした時代もあったのだろうといわれています。

富士山には人穴というのがたくさんあります。いまいちばん観光の対象になっているのは、西の白糸滝のほうから入る人穴ですが、ほかにもたくさんあります。風穴というのも人穴と同じようなものです。富士の溶岩が噴き出しまして、流れてくるときに中に空気が入り、空洞ができるそうです。ところが、それがだんだんと圧縮されてきますと、いくところがないから、パッと穴を開けて外へ出るそうです。山のおならみたいなものです。その跡が人穴になるわけです。だから非常に奥の長いものです。中へ入って懐中電灯をうっかり消したりすると、壁が冷気のために多少湿気を帯びているので、なにか映ります。それが富士の人穴の幻想の一つにつながったのだろうと思います。

『吾妻鏡《あずまかがみ》』の建仁《けんにん》三（一二〇三）年六月四日の条に、新田四郎忠常、別には仁田四郎忠常が、源頼家から御剣をもらい中へ入っていくと、恐い地獄があって、そこで怒られて帰ってくる話があります。仁田四郎忠常は、中へ入って激流を渡ったりしていくのですが、中に浅間大菩薩《ぼさつ》がおったというのですが、どうもそれは冥界《めいかい》の主のようです。それに怒鳴られたら自分についてきた侍が全部死んでしまった。そして剣を持っている自分だけが助かった。そうしたらその剣を置いてゆけといわれて、それを浅間大菩薩のおります前の川に投げ込んで帰ってきたと報告をしています。人穴の中は地獄で、その中に六道がある。地獄から天道までの六道があり、六道奉行というのがいたということが書かれています。

最近の調査では、人穴の中で人骨が見つかることがあります。横穴群集墳のような山をくり抜いた墳墓は、一種の風葬の場で、そこへ死体を置いては風葬し、そこがいっぱいになったら次のところに入れるというふうに、何代かにわたって使われる庶民の風葬の墳墓だったのですが、そのように人穴が使われた形跡があります。

山が地獄であるとか、浄土であるとかという観念ができてくるのは、すべてそれに先行するところの風葬があったからというのが、私の主張です。何もなしに、ただお説教だけで、あの山は地獄だ、あの山は極楽だといってもだれも承知しません。実際亡くなった人が、いわゆる「山送り」といって、送られていくわけです。そうすれば、そこが死者の世界であるという観念ができてくる。

箱根山の開創

箱根のほうは『筥根《はこね》山縁起幷序』という文献があります。建久二（一一九一）年の七月二十五日ということが出ています。それを書いた南都興福寺の住侶信救《しんぎゅう》が箱根におったことは『吾妻鏡』によっても明らかです。それから内容の記述においても、文字の遣い方においても、この人は勧学院という藤原氏の私学で勉強したし、興福寺でたいへんな学者でもあったので、それにふさわしい文字の遣い方もしている、ということで疑うことができない。この信救は、別には大夫坊覚明といい、『源平盛衰記』と『平家物語』に出てきます。「木曾殿願書事」という章は、木曾義仲が信州で兵を挙げて越後を回り、越中に出て、越中から越前に攻め込む話です。加賀に攻め込むときに倶利伽羅《くりから》峠を越えます。その倶利伽羅峠の戦いのときに白山へ願書を出し、勝ったら所領を寄進すると書いた有名な「木曾殿願書」というのがありますが、これを大夫坊覚明が書いた。

それから彼は諸国を流浪して、義仲没落後、箱根へきて身を寄せるのですが、鎌倉へ行こうとすると、鎌倉幕府にお前は義仲の祐筆《ゆうひつ》であったのではないかといわれ、早々に退散しなければならなかったということが、『吾妻鏡』に載っています。

これに書いてあることは非常に荒唐無稽《こうとうむけい》な仙人の話なので、全体が価値がないように言う人がいますが、仙人のようなのが出てくるところは、やはり一つの伝承として、すなわち仏教が入る前には陰陽道《おんみようどう》なり、道教なりの仙人といわれるような山中修行者が山を管理していたということで、これは仏教以前の姿として解釈すべきものです。この中に聖占仙《せいせん》人というのが駒形神仙宮《こまかたしんせんぐう》をつくったと書かれています。

いま箱根にいきますと、湯本とか、底倉《そこくら》とか、強羅《ごうら》とか、小涌谷、あるいは宮ノ下などという温泉がある。ここの連山の中では駒ヶ岳、これは主峰ですが、高いのは神山《かみやま》です。その北の冠《かんむり》ヶ岳といっておるのが、能善の神とこの中では書かれているものです。そして箱根の信仰は非常に複雑で、わかりにくい点がある。

ふつうに考えますと、駒ヶ岳神仙宮が上宮であって、箱根神社は中宮にあたります。事実、中宮ですが、箱根三所権現といったこのお宮は湖の神様も含んでいたようです。むしろ湖の信仰のほうが早くて、山の信仰がそれに付随してきた、というふうに考えられるのです。

その湖の神様ですが、湖岸に箱根園というところがありますが、そこにもとは九頭龍《くずりゆう》社というのがありました。これが芦ノ湖の水の神様だった。そこは金剛院という山伏が支配していた。そして箱根三所権現、箱根神社のほうは東福寺というのが支配していた。金剛院はもちろん排仏毀釈《はいぶつきしやく》で山を下りてしまい、九頭龍社も東福寺もなくなりましたが、現在、箱根神社といってお詣りするのは、東福寺というお寺の建物にお宮さんを祀《まつ》ったものです。

この箱根神社、いわゆる湖岸の箱根神社は、もと箱根三所権現といったのですが、古くは一社で三所権現です。たいへん厄介ですが、別にお社があり、これで三所権現かと思うとそうではない。三社並んでおるところ、実際は五社です。一つは三所権現ですから。じつは箱根のことは、どれだけ調べても尽きないくらい問題があるのです。ここはじつは神様の名前がない。ただ女体、俗体、法体《ほったい》という。排仏毀釈のあとで、瓊瓊杵尊《ににぎのみこと》、彦火《ひこほ》火出見尊《ほでみのみこと》、木花之開耶姫尊《このはなのさくやひめのみこと》と名前をつけただけです。

女体、俗体、法体といい、これで三所権現。それから駒形というのは駒ヶ岳です。そして八大金剛童子の能善、これが冠ヶ岳と推定されるものです。以上が五尊というもので、これを祀ったのが箱根権現です。これはじつは永仁三（一二九五）年に焼けました。そして焼けたあとで改築され、三社が一社になってしまったと考えられます。

万巻上人坐像（神奈川県箱根町、箱根神社蔵）

万巻上人の修行

『箱根権現縁起絵巻』では、万巻《まんがん》上人という箱根修験道の開祖にあたる人がこの箱根へ来るまでは、仏教はあまり入っていなかったと考えられる。しかし伝承としては、行基《ぎょうき》菩薩もきたことがあるとか、役行者もきたことがあるとか、玄昉《げんぼう》もきたことがあるということで、東福寺とか般若寺とかは前からあったように書いています。それ以前は山岳宗教としての仏教よりは、むしろ道教、陰陽道的な人々、仙人といわれる者、聖占仙人、利行丈人《りぎょうじょうにん》、あるいは玄利老人《げんりろうじん》という神仙がこの山の神を祀っていた。そして、みずからも神であったという伝承として受け取ればいいと思います。

そして奈良時代の中頃、天平宝字元（七五七）年、万巻上人がここへきた。万巻上人という人は、鹿島神宮寺をつくった。『類聚三代格《るうじゆうさんだいきやく》』に見えております。それは箱根を開く三年前なのですが、のちにまた、もういっぺん鹿島神宮寺を再興したいといって出ていく人です。

ところがそれからまた四年ほど経つと、こんどは尾張と伊勢の境の多度《たど》神宮寺を建てている。多度神宮は養老山系のいちばん東の端に位置する神社で、この修験は、養老山系を一つの行場にして、関ヶ原の南宮《なんぐう》山までを行場にしていた、と推定される修験の元締めですが、現在ここに延暦《えんりやく》二十（八〇一）年に書かれた文書が遺《のこ》っている。こうして万巻は神宮寺を三つ建てている。そして鹿島と多度のときは満願とよばれていますが、箱根だけが万巻という名前を書いた。なぜかというと、放光経というお経を一日に一万巻ずつ読むという誓願を立てたというのですが、これはとても不可能なことです。

放光経というお経は十二巻ありますから、一日で読むこともなかなか大変です。大般若経みたいに「七五三読み」でもしないかぎりは。大般若経ははじめの七行と中の五行と終わりの三行とを読む。これを「七五三読み」といい、いまやっている大般若転読というのはみなそうです。一万巻というのは一生に一万巻という意味ではなかったかと思うのですが。それで万巻上人とよんだということで、「万巻」と書いている。

この万巻上人が天平勝宝元（七四九）年に鹿島神宮寺を建て、それから八年経って天平宝字元（七五七）年に箱根神宮寺を建て、それから天平宝字七（七六三）年に多度神宮寺を建てた。古代においては、修験の仕事で、神宮寺を建てることはいちばん大きな意味があったのです。

神仏習合といいますが、実際には山の神を祀るのに、仏教のお経で祀ることが山伏たちのする仕事でした。現在、敦賀《つるが》に気比《けひ》神宮がありますが、気比神宮の神宮寺というのもやはり奈良時代に建てられた。これは久米勝足《くめのかつたり》という優婆塞《うばそく》・山伏が建てた。山の神を祀るのにいろいろ祀り方があったでしょうが、奈良時代になると仏教をもって祀る。こういうことになったのが神仏習合の実態です。山伏がそれに関与しております。箱根も同じようにして、箱根三所権現がここにできるわけです。

この万巻上人の修行形態は、芦ノ湖で水浴びをすることでした。それは禊《みそ》ぎをすることだった。『縁起』では、箱根と書いてあるのは、箱根関所跡あたりが伊豆地、伊豆の土地といわれて、西のほうの左の岸は駿河地とよばれている。それからいまの箱根神社のあるあたりは相模津、あるいは懺悔津《さんげのつ》、いわゆる懺悔をする、禊ぎをする場所である。ここでは山の神を祀ると同時に、水神を祀って罪を懺悔して禊ぎをする。そういう修行をしていたところに、三所権現が現われた。

そこで三体三様が現われた時に、

池水清浄浮月影　汝意清潔来三体

三身同共住此山　結縁有情同利益

こういう詩を三体の神様が詠《よ》んだという。心身を清浄にすれば神はいつもそのところに影向《ようごう》する。箱根の神ばかりでなく、心身清浄なるもののところにはじめて神というものは現われてくるので、それによって神の利益は受けられたのだ、何もしなければだめだという宗教理論です。

日本的な宗教の受容

そこで『箱根権現縁起絵巻』ですが、この三体三様を説明するのに箱根権現の利益を宣伝しようとする人々——勧進聖たち——はいろいろと話を考えた。それによって「寺社縁起」ができ、絵巻物の製作も行なわれたのですが、どうしてインドの話にしたのか不思議です。もっとも『神道集』というのは、半分くらいはインドの話として語られています。前に触れましたように、インドはほんとうの仏教が行なわれていない国だということを、中世の人たちは知っていた。インドでは、十世紀、日本の平安の初めごろには仏教はないのです。インドの仏教は密教化することによって滅びたのです。いちばん最後の仏教が密教になり、密教がいちばん最後になって金剛乗教というのができて、要するに性的な喜びというものは悟りの喜びそのものだ、そしてそれを実際に体験しなければいけないという。しかし実践するものはふつうの人格の女の人ではいけませんから、そうした女性を使う。それで滅びてしまいました。現在では婆羅門《ばらもん》教だけになったのです。

それを知っていて、ほんとうの仏教は日本だと鎌倉時代の人たちはみんな言うのです。だからいまの仏教学者が、インドの仏教を本物のように言うのは嘘です。日本人は日本人のことがよくわかるので、清浄なるものにおいてはじめて神となり、仏となることができる。私は「即身成神《そくしんじょうしん》」という言葉もあっていいと思っていますが、シャーマンのようなものは「即身成神」です。神様が宿るわけで、神様の言葉を託宣し、また人の病気を治すこともできる。これは日本的な密教の受容の仕方だったのです。

『神道集』は漢文で書いてありますが、『縁起絵巻』のほうは平仮名です。それで『縁起絵巻』のほうが永仁三（一二九五）年以前であるとしますと、『神道集』はそれよりも前ですね。いまの国文学者は『神道集』の成立は延文三（一三五八）年といいます。延文三年という年号がその話の中に入ってくるからです。しかしそれは写本をつくるときに書き加えられたものです。私はもとは平仮名で書かれたものだと思います。それが延文三年に権威づけるために漢字に書き替えた。もとは平仮名だったのが、漢字に書き替えられた跡がいくらでも見つかります。本来は庶民にわかるように語ったものを、そのまま平仮名で書いた。

『箱根権現縁起絵巻』

『縁起絵巻』の筋ですが、インドの国の大臣に非常に美しい妻があって、娘が一人できた。やがて妻が病気で死ぬ。そして娘を遺したので後妻をもらい、もう一人の子供ができる。この先妻の子供が常在御前で、後妻にできた子供が霊鷲御前《りょうじゅごぜん》です。それで継母《ままはは》が常在御前をいじめて、山に捨てたり、島に捨てたりした。最後には山の中に穴を掘ってその中に入れ、上に板を被せておいた。しかし妹が食べ物を投げ与えたので生きていた。そこへ隣りの波羅奈《はらな》国の二人の太郎王子と次郎王子とがやってきて、それを見つけて助けて、太郎王子と常在御前は夫婦になります。次郎王子と霊鷲御前も夫婦になった。お父さんは、都の大番を終えて帰ってきてみたら、娘たちがいないので出家し、勧進聖《かんじんひじり》になってほうぼうのお堂を直して歩いている。これは万巻上人ということにしていたのだと思います。そういう法体になっているうちに、波羅奈国へ行って自分の娘や婿に遇う。そして五人で相談をして、日本へ渡ってきて、伊豆山の二所権現と法体、女体、俗体の三所権現になった、という話です。

お伽噺《とぎばなし》ですが、三所権現というものができてくるもとが書かれている。継母も後を追いかけて日本へきます。そして箱根を登ってきたが、これは七つの角のある龍になった。そしてこれが芦ノ湖《あしのこ》の神になった。それが九頭龍権現という水の神です。しかし龍となって、通る人をみな食べてしまうので、万巻上人がそこに調伏石台を造り、人を食べない龍にした。

芦ノ湖という湖は堰止湖《せきとめこ》です。中禅寺湖も堰止湖ですが、噴火で溶岩が押し出されてきて、川が堰き止められてあの湖ができた。ここも南のほうが堰き止められて、現在は仙石原から小田原まで早川という川が流れています。非常な急流ですから、そうしたところに、龍が洪水になって多くの人々の命を奪うのだ、ということになったのだと思います。たいへん水が冷たいために、ちょうど上高地の大正池の木がそのまま遺っているように――だんだんなくなってしまいましたが――底のほうまで、枯れ木が角が生えたように見えるのです。そのために、いま湖水祭というのが行なわれています。湖水祭のときには、人身御供《ひとみごくう》の代わりに三石三斗三升三合の赤飯をおひつに入れて湖心に置きます。するとそれが沈んでいって、下流のほうへ出てくるという伝説もあります。

第五講　越中立山の地獄と布橋

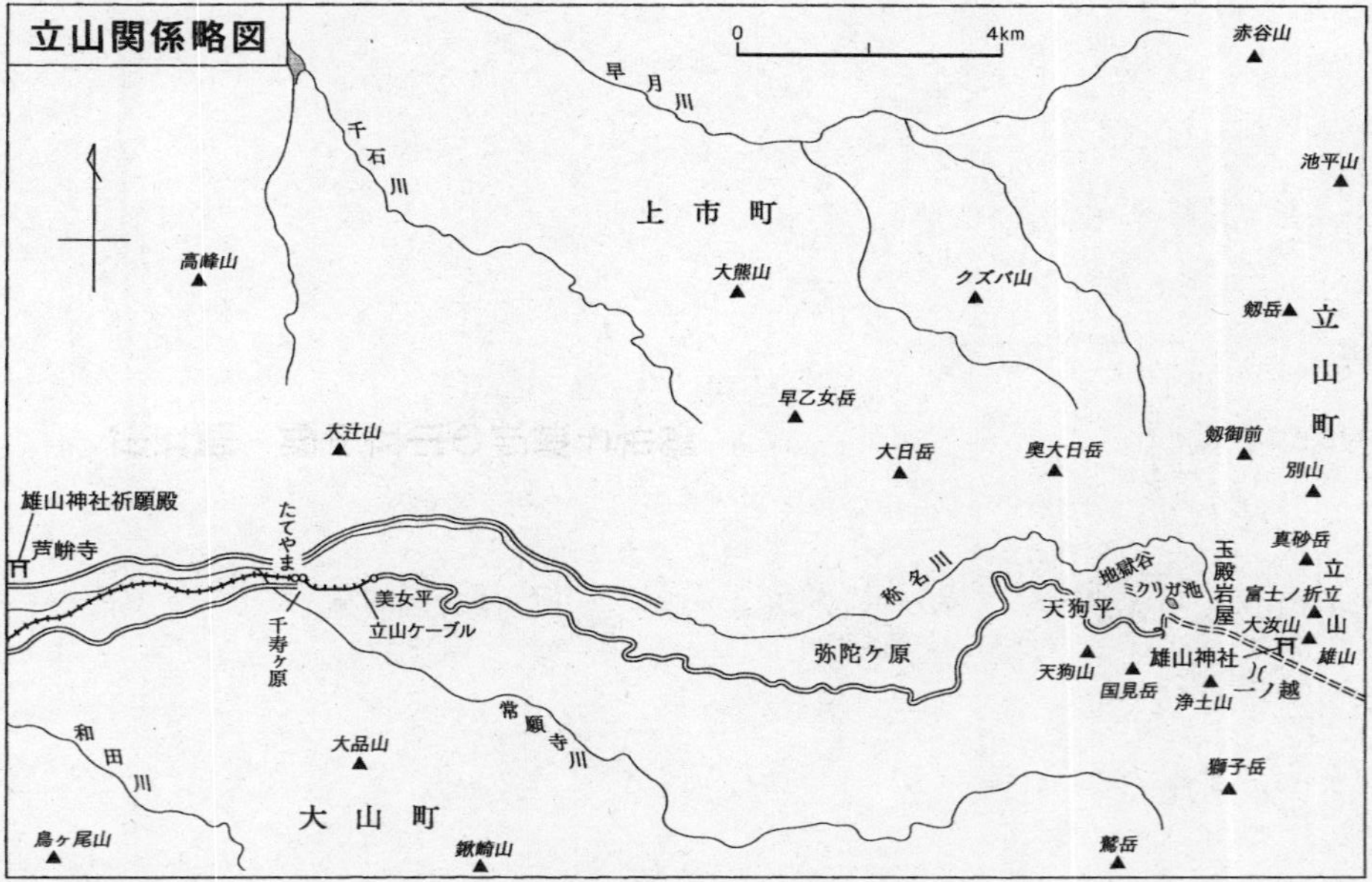
立山関係略図
0
4km
早月川
千石川
上市町
高峰山
大熊山
クズバ山
赤谷山
池平山
剱岳
立山町
早乙女岳
大辻山
大日岳
奥大日岳
剱御前
別山
雄山神社祈願殿
芦峅寺
たてやま
美女平
立山ケーブル
千寿ヶ原
称名川
地獄谷
ミクリガ池
玉殿岩屋
真砂岳
富士ノ折立
大汝山
立山
雄山
天狗平
弥陀ヶ原
天狗山
国見岳
雄山神社
浄土山
一ノ越
常願寺川
和田川
大品山
大山町
鳥ヶ尾山
鍬崎山
獅子岳
鷲岳
(昭和五十四年現在)

立山連峰

『万葉集』には立山《たてやま》の歌が見えていますが、最初は、やはり剱岳《つるぎだけ》のほうが立山だと思われていたようです。もちろん雄山《おやま》は、頂上は三〇〇三メートルという、三〇〇〇メートル級の山になっております。

ところが古くは、別山《べっさん》といっている、立山別山が信仰の対象だった。昔の山岳宗教は、そういうところに一つ秘密があると考えたらいいと思います。室堂《むろどう》から上がっていき、一ノ越《こし》までの右側のほうが浄土山です。

立山というのは地獄信仰から出発しますので、あとになってから地獄の救済として浄土山の浄土信仰ができてくるのです。あの山の陰から浄土の菩薩《ぼさつ》が来迎《らいごう》するという信仰になってくる。富士ノ折立から見ても、立山は屋根のように見えますが、そのいちばん右の端が雄山で、左の端が大汝山《おおなんじ》です。

その左に真砂岳《まさご》というのがあります。そして、またその左に見えるのが別山です。その別山の左が剱御前峰《つるぎごぜん》といいます。剱の前になります。そして左が剱岳です。その剱岳の頂上からは奈良時代の錫杖《しゃくじょう》が見つかったといわれます。明治三十年ごろ、だれも登らない山だと思って陸地測量部が登ったら錫杖が腐っていた。

『万葉集』の歌に「凝《こご》しかも巌の神さび」とあります。「巌の神さび」た山といえば剱岳です。越中平野から立山を見ると最高峰は剣のように見える。

別山という山は、古くは帝釈岳《たいしゃく》といっておりました。帝釈天というのは仏教本来からいいますと忉利天《とうりてん》という須弥山《しゅみせん》の途中ぐらいのところに住居を持っているインドの神様です。その帝釈天はインドではかならずしもそういわない。ですが日本では地獄の主である、閻《えん》魔《ま》さんのもう一つ上官にあたる。閻魔さんに命令できるみたいです。

もと帝釈岳といった、その別山の下の谷が地獄谷です。だから地獄谷を真っ直ぐ詰めていきますと、自然に別山へ登ります。これが帝釈岳です。

狩人開創

立山については、『和漢三才図会《ずえ》』と『伊呂波《いろは》字類抄』(十巻本)をもとに『立山大縁起』『立山略縁起』というものが作られています。『和漢三才図会』というのは、江戸時代中頃よりちょっと前くらいにできたものですが、『伊呂波字類抄』は、平安時代の一種の辞書です。ところが十巻本というものは江戸時代に書き加えられた部分が多い。おそらく『伊呂波字類抄』に見える「立山縁起」は、あとから加えられたと考えられる。それで、いちばん頼りにするのは『類聚既験抄《るいじゅうきげんしょう》』ということになります。

日本のあらゆる山岳宗教の山は、文武天皇の代（六九七—七〇七）から奈良時代の半ば以前くらいのところでほとんど踏破された。それまではタブーとされたものが、そのころから山の頂上を踏むという気風が起こった、というふうに私は仮定していますが、立山も文武天皇のとき、大宝元（七〇一）年に開かれた。そのときに開いた人は狩人《かりうど》であった。これは何度もいいますように、狩人開創の山岳信仰の山というのは非常に多いのです。あとで述べます伯耆《ほうき》大山とか、彦山《ひこさん》という山もそうですし、日光もそうです。

そういう狩人が熊を見つけて矢を射た。そして「追入出」とありますから、まあ洞窟《どうくつ》に追い入れてまた追い出したというんでしょうが、「追入出処、其熊乍立矢死了」、その矢が立ったまま死んだ。そうすると「見之皆金色阿弥陀如来《あみだにょらい》也」とあって、阿弥陀如来に変わっておった。ということは阿弥陀如来の化身が熊であった。それは宗教的には、その狩人を改心させるために阿弥陀如来が熊に化身してこれを呼び寄せた。たいていの話がそういうふうになっています。ここでは立ちながら死んだから、立ち山だ。こういうふうにこじつけて地名伝説のようにしたのですが、それで「立山権現」という。

この狩人の名前は、『類聚既験抄』にはないのですが、『立山大縁起』と『和漢三才図会』には佐伯有頼《さえきありより》とあります。立山に登るとき、富山から立山電鉄の始発駅へ行きますと、駅前に建っているのが佐伯有頼の銅像です。

ところが『伊呂波字類抄』は、それは佐伯有若《ありわか》である、といっています。したがって近頃の立山研究は佐伯有頼でなくて有若であると書く人が多い。どうして有若が出たかというと、『随心院文書』という、京都の醍醐《だいご》の北にある随心院というお寺の文書に「佐伯院付属状」というものがあります。延喜《えんぎ》五（九〇五）年七月十一日付になっていて、そのときの佐伯院を東大寺に移すための依頼書みたいなものですが、これに佐伯有若と署名してあるのです。

そうすると、佐伯有若は実在の人物だから、立山開創もおそらく佐伯有若が九世紀の末から十世紀の初めごろにしたのであろうと、文献をもとにする歴史家はいうのです。

しかし、立山がもう奈良時代に開かれている証拠もあるわけですから、十世紀ということにはならないので、そうするとおそらく立山におりました聖宝《しょうぼう》・理源《りげん》大師系統の当山《とうざん》派の山伏たちは、この『随心院文書』のあることを知っていて、弘法大師ゆかりの聖宝・理源大師の開創であるということを言おうとして、佐伯有若説を『伊呂波字類抄』に入れた。むしろ文字が読めるために偽作をした。そういうことで、有若説はむしろあとで文字の読める人が『随心院文書』をもとにしてつくった縁起である。少なくとも七世紀末の立山開創というものは、佐伯有頼という名前の狩人であった。べつに佐伯という名前がなくてもいいのですが、とにかくある狩人であったのです。

シャーマンの中語

有頼という名前は、むしろ普通名詞にもなるのです。アリマサあるいはアジマサというのは神様や霊の憑《つ》く人です。シャーマンです。「ヨリ」というのは憑依《ひょうい》することであって、その人に霊や神が憑くことですから、アリヨリという名前はシャーマンの名前でありうる。ですから偉そうな武士みたいな名前でなくて、アリヨリといわれるものはシャーマンの一般名称である。ところが、立山くらいシャーマンのいたところはないのです。どんな山でも、かつては修験道というのは一つはシャーマン、一つはマジシャンということで成り立っていた。予言者と祈禱者《きとうしゃ》というものです。

予言者としての性格は「中語《なかがたり》」というのです。神、あるいは霊と人間との間にいて語るわけです。神や霊のいうことを聞いて人間に伝えるわけです。これがシャーマンというものので、間に入って語るので中語です。立山の山伏たちは少なくとも江戸時代には「中語《ちゅうご》」とよばれていた。

どうして中語というのか昔から疑問とされていたが、これをみごとに解いたのが柳田國男先生で、「立山中語考」(『定本柳田國男集第九巻』)という論文があります。まだあると思いますが、立山の登山基地になります芦峅《あしくらじ》寺の山案内人は、中語組合というのを明治以後作っておりました。そして立山の案内を独占していたが、これはシャーマンのことだ、と柳田國男先生はみごとに解いたのです。

いわれてみればなるほどそうです。しかしこれが「アリ」であり、「ヨリ」であるというのは、やはり霊や神がつくもの、そしてそれを語るもの、というふうに考えますと、有頼というのは固有名詞でなくてもいいわけです。そういうふうにして開創者というものができ上がってきたのだと思います。

谷の信仰

そういうことで、少なくとも八世紀の初め、ことによると九世紀末ぐらいに、立山は仏教が入って原始的な修験道が成立した。その信仰対象になったのは山よりは谷であった。修験道というと崇高なる山のたたずまいが人に宗教感情を起こさせるものだから、それで山岳宗教が興ったのだというのが、最近までの考え方です。

それに対して私は、そういう山にはじつは霊がいる、とくに死者の霊というものがおると信じたのが、山岳宗教の神奈備《かんなび》信仰の起こりであると考えます。神奈備山とよばれたのは、そうした荒魂《あらみたま》の籠《こも》っている山である。だからそこへ行けば荒魂を鎮めたり、荒魂の力の一部をいただいて予言ができたり祈禱ができた。そういう場合に、山の上には山の神がいるけれども、谷には霊がいるということで地獄信仰ができるわけです。

身近なところで、奈良の春日山《かすが》はいちばん高いところを香山《こうぜん》といいますが、のちに高山《こうぜん》となります。それが新薬師寺の発祥になる香山薬師という薬師が祀《まつ》られたところです。その麓《ふもと》は地獄である、あるいは春日野は地獄であるという文献はいくらでもあります。そうすると噴煙を噴き上げている火山の谷は、見るからに焦熱地獄のように見える。日本人の場合は、地獄というのはいちばん熱いところにしております、日本人のみならずですけれども。地獄は八寒地獄と八熱地獄とがあり、非常に寒い地獄というのが一つあって、一方では非常に熱い地獄というのがある。火山地帯になると、八熱地獄というものが数えられるわけですが、そういう地獄が少なくとも平安時代の中ごろには知られていたことは、『本朝法華験記』下巻「越中国立山女人」でわかります。

『今昔物語集』巻十四には立山関係の二つの物語があります。

巻十四の七の話は、近江国蒲生《がもう》郡の仏師の娘が、仏像を造って金儲《かねもう》けしたお父さんの罪によって地獄に堕《お》ちたのですが、法華経を書写供養することが死者の地獄の苦しみを救う道になる。これは法華経に滅罪の力があるというので、念仏よりは法華経による救済というものがこのときに行なわれていた。法華経の説かれた中に観音もありますので、法華経書写の功徳によって救われる。しかし、この娘は毎月十八日に観音の縁日にお詣りしていたので、十八日の一日だけは地獄を許してもらえる。観音がかわってくれた。それで修行者に、法華経を写すことを頼み、父母が写したので、ついに立山地獄を出て忉利天《とうりてん》、つまり帝釈天のいる天です。そこに生まれかわった。

それから巻十四の八の話は、越中の国府の書記官にあたる書生が三人の息子を持っていたが、妻が死んだ。七七日の弔いがすんだ後で、三人の息子たちが、お母さんはどんなところに生まれかわったんだろうか、といって立山に登った。すると、尊き上人の僧――立山のシャーマンと考えられる――が案内をしてくれた。まずその坊さんに錫杖《しゃくじょう》供養とか、法華経供養とかをしてもらって、地獄を十ばかりめぐって歩いていると、お母さんの声がしてくるのです。これはいまでもある恐山《おそれざん》のイタコの託宣と同じで、ここでお母さんの声が岩の陰からしたというのは、これはやはりシャーマンの声ということを考えなければいけない。問答もしております。立山地獄の噴煙の噴き上げる音もさることながら、こういう言葉として問答されるというのは、そこに言葉をしゃべるシャーマンが仲介していて語ったのです。

「そのほどに体《すがた》は見えず、巌《いわお》の迫《はざま》にわが明け暮れ恋い悲しむ母の音《こえ》にて、太郎よ」、太郎、太郎と呼んだというんです。「これを聞きて思いがけず奇異に思いて、ひが耳ならんと思えばしばらく応えず。しきりに同音にして呼ぶ。恐れをなしながら、『こはいかなる人の呼ぶぞ』といえば、巌の迫の音答えていわく、『いかにかくは言うぞ』と、『わが母の音、聞き知らぬ人やある。われ前生に罪をつくり、人に物を与えずして、いまこの地獄に堕ちて苦を受くることはかりなし。昼夜にやすむ時なし』」ということで、罪を消すために、いかなる善根を積めばいいのかというと、この山伏が、法華経を千部写しなさいと言う。お告げをするわけです。これはいまでも同じです。いまのイタコはたいてい薬の方角を教えます。どの方面の薬を服《の》めとか。もっとはっきり薬屋の名前をいったりします。昔は「作善《さぜん》」といい、お経を写したり、塔を建てるとか、塔婆《とうば》を立てるとか、唐《から》の鏡を上げるのが非常に多かったようです。

そういういろいろの作善の仕方があるのですが、法華経を千部写す千部経《ぎょう》がいちばん功徳の多いものになっていた。一日に法華経を千部写してくれとたのまれたわけですが、とてもそんなお金はない、せいぜい三百部ぐらいしかできない。それを聞いて越中の国司の肝煎《きもい》りで勧進が行なわれ、これができた。そうしたら母親は地獄を離れて忉利天に生まれた、とありますが、この時代にこういうことが語られたということは、立山の地獄に託宣・口寄せというものがあったことを否定できないと思います。そして、そういう信仰がきわめて一般的であったことは、謡曲の『善知鳥《うとう》』でもわかると思います。

善知鳥

善知鳥というのは、名前から考えてだいたいホトトギスのことであろうと思います。ウトウ坂という坂が全国的にありますが、そこは大きな声を出して歌いながら行かないと魔物に憑かれるという。『遠野物語』(『定本柳田國男集』第四巻)にも出ております。かなり一般的な地名ですが、江戸時代から善知鳥というのはいろいろの人が疑問にしました。ウトとかウトウというのは、「うつろ」ということと、すなわち、洞窟《どうくつ》の中がからっぽということと同じ言葉です。方言にも非常に多い。木のウトというと、木のほら穴です。そうすると、空《から》という字を書いて鳥を書きますと鵼《ぬえ》になります。鵼かもしれない、ウトウという鳥は。

とにかく、その鳥を殺した罪によって狩人は立山地獄に堕ちた。そのどちらかにきめるわけにもいきませんが、地獄に堕ちる鳥としては、昔はカラスとホトトギスです。ホトトギスは「死出の田長《たおさ》」といい、死出の山に鳴いている。また「蜀魂」と書いたりして、とにかく魂の化身としてホトトギスは考えられています。

善知鳥神社というのが青森にありますが、おそらくそこから出た猟師が立山地獄に堕ちたということになっているのだと思います。その猟師は河原にある善知鳥の子供を獲るのですが、そうするとその上を親鳥が飛び、苦しみのあまり血の涙の雨を降らすと書いてあります。そういう悲しみを善知鳥になめさせた報いとして、ここへくると血の雨が降ってきて亡者は苦しむわけです。

そこへ、ある山伏が行き合わせて、猟師の地獄に堕ちた霊に出遇う。そうすると、猟師の霊は自分は外《そと》ケ浜《はま》の猟師であって、善知鳥を獲ったためにこういう苦しみをなめている。したがって自分がここにおることを自分の家族に知らせてほしいと、形見の蓑《みの》と笠《かさ》を託します。蓑と笠というのは死者の一つのユニフォームみたいなもので、これをお葬式なんかにも着せたり、あるいは手向けたりするわけです。

ということで、蓑笠を預かってその遺族に届けることに、この謡曲はなっています。後《のち》仕手《じて》のほうでは、この善知鳥に責められて苦しむ地獄の有様が見せられます。こういうふうに殺生の罪も、立山の地獄に堕ちる一つの罪に数えられています。

女人往生の信仰、如法経修行

立山では「変成男子《へんじょうなんし》」あるいは「血盆経《けつぼんきょう》」という御札を出しておりました。いま（昭和五十四年）立山の芦峅寺《あしくらじ》には富山県の「風土記の丘」という博物館（現・立山博物館）ができていますが、そこに立山修験の版木がみな並べてあります。版木というのは、かつての信仰の表現です。御札というものはいちばんインスタントな信仰対象です。それを見ると、このお寺なり、山なり、神社なりのかつての信仰がどういうものであったかよくわかります。

「立山曼荼羅《まんだら》」には、左のほうに血の池が描いてあり、女性が三人泳いでいます。血盆経が上から撒《ま》かれたのでそのほうへ泳いでいく形が描いてあります。「血盆経」というのは、お産で死んだ人の罪を消そうというので、その本尊は如意輪観音ですので、如意輪観音堂がこの地獄にあったようです。曼荼羅の「地獄図」にも如意輪堂と地獄堂とがあります。

そしてこの絵には施餓鬼《せがき》が行なわれております。餓鬼に施しをすることも罪の消える方法である。罪を消す方法というのはいろいろあったわけで、宗教というのは罪だけを説くのでなくて、その罪から免れる方法を説くのが宗教の「救済」というものです。

それで、この「血盆経」とか「変成男子」を受けるのが「女人往生」の信仰になります。これを「布橋大灌頂《ぬのはしだいかんじょう》」といい、従来は立山独特と思われていたのですが、これは「白山」に関係がある。立山の布橋大灌頂というのは、研究者の間では非常に有名でしたが、そのもとは実際に白山にあるわけです。そのことはあとで申しますが、これが女人救済につながってくる。

立山の法華経信仰の表現は「如法経修行」というものです。如法経というのは、精進潔斎をしながら法華経を写すことです。法華経を写すこと自体ももちろん功徳ですが、その法華経を写すためにみずからを苦しめて罪や穢《けが》れを滅して、清浄な心身を獲得することが如法経の修行といわれるゆえんです。

するとお経を写し墨をするための水も採るのですが、お経を写す水を採るための苦行がそれについてまわる。実際に、別山まで毎日登るのでしたらたいへんだと思います。いまでも斜めに電光型に道がついていますが、おそらく三時間ぐらい登って、下りに一時間ぐらいかかるのではないでしょうか。

最初は帝釈岳の硯池《すずり》、もしくは硯水池《すずりみず》というところから水を採ったと推定されますが、私はこのみくりが池から水を採るということも絶えて久しいと思います。おそらく江戸時代に入ってからはなかったと思います。とにかく水取りとして、のちにはみどりが池となった。みくりが池のもとは「みどりが池」だというふうに書いてありますが、現在はみくりが池の陰のところにもう一つ池があり、それをみどりが池とよんでおります。この池は一ノ越《こし》でも見えず、二ノ越か三ノ越まで上がっていくと上から見えます。そういうことで池がいくつかあり、その中の一つから水を採った。

みどりが池という名前は白山の頂上にも「翠《みどり》の池」としてあります。頂上の本社の下のところに見えている。そこから水を採って、室堂《むろどう》に籠《こも》り写経した。

室堂はいまでは六階建のバスターミナルになってしまいましたが、もとはほんとうの板《いた》葺《ぶき》の建物でした。「立山曼荼羅」を見るとたくさん小屋があって、参詣人《さんけいにん》が泊ったようにみえますが、そこでお経を写した。しかし室堂のないときは、室堂のすぐ下に玉殿窟《たまどののいわや》という洞窟があり、そこで古くは修行した。

そういう如法経を修行する人のことを「持経者」といい、法華経を読んだり写したりしながらほうぼうで修行して歩いた話が『本朝法華験記』に出てまいります。

開山のお祭り

それから、ここでの法華経信仰としての痕跡は「開山」のお祭りです。ここの開山の有頼は芦峅寺《あしくらじ》の開山堂に祀《まつ》られていましたが、現在、立山へ登る人は千寿《せんじゅ》ヶ原まで電車でいってしまうので、芦峅寺を通る機会は、ほとんどないと思います。以前は芦峅寺まではバスで行って、それから、藤《ふじ》橋へ入り、藤橋から称名滝の下まで出て、それから滝見線という線を登ったのですが、いまは立山という富山地方鉄道の終点からケーブルカーで美女平へ上がってしまいます。

上がる途中、材木坂が見えております。昔はあれを全部歩いて登った。材木坂には美女平の禿杉《かぶろ》と美女杉とがありますが、この二つの杉には、虎の姥《うば》というものが登ってきて、女人結界を破ろうとしたら、材木が全部石になってしまい、姥も石になってしまった、お供についてきた禿たちは杉の木になったという伝説があります。「立山曼荼羅」にも、木の途中に女の顔の出ている杉が描かれております。

その姥石を過ぎると弥陀ヶ原です。弥陀ヶ原の弘法小屋を越えて天狗平へ出ます。いまは天狗平にもホテルができています。それから鏡石を経て室堂へ行くわけです。

そういうことで芦峅寺はあまり通ることがなくなりましたが、立山修験はこの芦峅寺から、もう一つ左のほうに約三里下ったところに岩峅寺《いわくらじ》というところがありまして、前立社《まえだてしゃ》壇《だん》といっております。その両方に修験がおり、両方で勢力争いをしていて、喧嘩《けんか》ばかりしている修験だったのですが、それぞれ別々に入峰修行をやっていたのです。

しかし芦峅寺のほうが非常に分がよかったのは、開山堂をここで握っていたということです。だから開山のお祭りに岩峅寺のほうも参加するためには、どうしても芦峅寺のご機嫌をとらなければならないので、ここでは「八講祭」といって法華八講を行なっていた。法華経だからです。これが十月七日から八日にかけての開山講で、いまでは秋の「例大祭」といっております。

このときには開山の慈興上人――佐伯有頼が入道して慈興上人といった――の「お衣替」が行なわれます。ちょうど弘法大師の「お衣替」と同じことです。着ている衣を替えるわけです。

開山堂のあるところは、現在は雄山神社になっています。元の国幣小社だったのですが、雄山神社の社殿というのは開山堂兼講堂だったところです。開山堂であって同時に山伏の集会する場所、それを講堂といいます。ここに入定窟《にゅうじょうくつ》があり、元の開山堂の敷地も残っておりますが、ここに入定したということになっています。そういうことで、開山を祀るのに法華経をもって祀るのです。

立山禅定

それから「立山禅定《ぜんじょう》」の話ですが、「三山回峰行」というものがあり、雄山と剱岳と大日岳の三山をめぐるわけです。この場合は岩峅寺から出て芦峅寺へ行き、芦峅寺から材木坂をのぼって弥陀《みだ》ヶ原へ出る。材木坂を上がると熊尾清水ですが、ここには美女杉、禿杉があります。どんどん行くと、弘法から追分、姥石になります。姥石のあたりへは、いまはどう行くかわかりませんが、「立山山絵図」という、山へ登る人たちがみやげに買って帰るもので、一種の立山名所案内には、この姥石のところに「叱《しか》ばり」と書いてあります。「叱ばり」というのは小便することですから、伝説では従《つ》いてきた禿たちを叱りながらおしっこをしたということになっていますが、じつはこれは縛り石ということです。これもほうぼうにあるものです。かつて山伏が「験競《げんくら》べ」といい、修行した力を比べるために睨《にら》んで、気合いをかけると石が動いたといいますが、そういう勝負をする石を縛り石といったので、これが「叱ばり」のもとであるというふうに考えられます。

そうして室堂に達して、室堂から浄土山へ登り、浄土山から最高峰の雄山に登りまして、それから大汝山、真砂岳、別山から剱御前《つるぎごぜん》、そして剱御前で剱岳を遥拝した。

地獄谷もいまかなりのヒュッテやホテルができ、たいへん便利になりましたが、地獄谷を下りていきますといちばんとっかかりのところが、房治《ふさじ》荘（現、雷鳥沢ヒュッテ）というちばん古い地獄谷の旅館です。その周辺は石仏と石塔でいっぱいです。それが地獄谷の「地獄供養」というものの行なわれた痕跡の一つと考えられます。そして同じように室堂から芦峅寺、岩峅寺と帰ってくる。

それから「大回峰行」です。だいたい、芦峅寺から雄山の頂上までが九里十八町といいます。約十里です。これを一日で登るわけです。足の弱いものは室堂まで行って、次の朝

布橋大灌頂の場面（「立山曼荼羅」より）

登って「ご来迎」を仰ぐということになりますが、かなりきつい「回峰行」だと思います。「大回峰」になりますと、また大日岳から薬師岳のほうまで回ります。薬師岳というのはこのずっと南になります。これはおそらく、かなりの日数を要したと思います。

こういう回峰行の伝承についても記録はないのですが、幸いなことに立山雄山神社の宮司をしております佐伯幸長氏が、『立山信仰の源流と変遷』（昭和四十八年、立山神道本院）という本を出され、それによってどういうところを回ったかがわかるようになりました。

布橋大灌頂

それから立山のいちばん大きな特色は「布橋大灌頂」ですが、「布橋大灌頂」のもとは、先ほどいいましたように白山のほうにある。白山の「白山行事《しらやま》」といって、女人往生のために、秋の彼岸に女性だけが参加するところのものです。というのは立山禅定が厳重な女人禁制だったので、男しか入れない。

それで、芦峅寺の村のはずれに、三途《さんず》の川と称する非常に谷の深い川があります。芦峅寺の村を東へ抜けるところに、右へ曲がったところに「閻魔堂《えんま》」があります。閻魔堂というのに姥さんがおるのでおかしいと思うかもしれないけれども、じつは「姥堂」が明治維新以後なくなってしまったので、姥堂のお姥さんを閻魔堂に移し同居させているのです。その姥さんは六十六体あった。気持ちの悪いお姥さんですが、このお姥さんはいちばん古いのが現在は四、五体しか遺っておりません。

永和二（一三七六）年という銘があるといいますが、私も見てみましたが、見つかりませんでした。とにかくいちおう記録されていて、永和二年に六十六か国から上げられたというのです。だから排仏毀釈《はいぶつきしやく》と同時にその上げた国が持って帰ったといいます。

そういうこともあろうかと思いますのは、二、三年前に長野県大町市の奥の小谷《おたり》村で、立山の姥堂から持ってきたお姥さんを見ました。それぞれの信者が、どうせ排仏毀釈で棄《す》てられるなら持っていこうと考えて、持って帰ったらしいのです。

これは「奪衣婆《だつえば》」という地獄で着物を剝《は》いでしまう姥だというのと、慈興上人のお母さんであるという信仰と二つあります。地獄の姥と慈興上人のお母さんと同体というのは、どういうことになるのか、ちょっと解釈がつきませんが、両方の信仰があり、豊作の神様です。

お姥さんは左手に五穀を持っており、右手に麻の種子を持っている。麻というのは着る物のもとです。昔は木綿のなかった時代には麻を着ておりましたから、麻と五穀を持っている。「媼」と書いてウバと読んでおりますので、田の神であるということがわかります。

そういう農民信仰に支えられながら、同時に女人往生の仏ということです。

その媼堂の側を川が流れている。常願寺の川へ流れ込むのですが、非常に深い谷です。ここには橋がかかっていていまは通れますが、もと、ない時には回っていったものです。ここに中宮寺の跡があります。もとは中宮寺といいました。いわゆる上宮、中宮、下宮の中宮にあたります。岩峅寺の前立社壇というほうが下宮にあたります。そして芦峅寺が中宮にあたる。そして雄山の頂上が上宮にあたる。この橋の正面にあたるのが媼堂になります。こちら側のちょっと山に引っ込んだところを山頂といいます。この間が三〇〇メートル余りです。この間に白い晒《さらし》を三本引く。それが「布橋」です。それをかけるために実際には千三百六十反を勧進する。三百六十反は加賀の前田家が出す。あとの千反は立山修験が勧進によって諸国から集める。晒何反の勧進に応じたというようなことが、大町あたりの文書から出てきます。

そしてこの千三百六十反の反物の上で、「布橋大灌頂」をする。女の人たちがここを渡って、「十念」を授かってここへ帰ってきます。これをやりますと女人往生がきまる。現世においては健康になり、来世においてはかならず往生するという。これを「擬死再生」と私は名づけていますが、一度死んだことにして生まれかわって幸福になり、また来世も安楽になるという、日本人の持っていた非常に独特な信仰です。

こういう儀礼は、一度死にますから死装束で入ります。非常にたくさんの希望者が諸国からあったらしいので、一番二番三番とたいへんな競争になり、だんだん競り上げていった。それで、一番になるのはたいてい前田家の奥方の代表のお女中です。それが百両といいます。二番入りが五十両、三番入りが三十両。なかなかのお金です。そして、その後に死装束でたくさんついて入っていくのが「布橋大灌頂《かんじよう》」の行列です。

橋を渡って、あの世とこの世とを往復するという、この日本人の宗教儀礼は、沖縄でも見られます。沖縄のイザイホウもそれでして、七つ橋というのを渡る。七ツ家（イザイヤー）という籠《こも》る神殿の前に、七段の梯子《はしご》が埋め込まれていて、そこを渡る。祝女《のろ》になる資格がない人、あるいは不貞な女性はここから落ちるというのですが、落ちっこないのです、埋めてあるのですから。平らなところで滑るには滑りますが、落ちっこないのです。日本の各地にある「迎講」という二十五菩《ぼ》薩《さつ》練《ねり》供《く》養《よう》はみんなこれと同じで、日本人独特の儀礼です。

こういう「橋懸り」をもって死後の世界と現世とを分けて、そこを往来するということですが、立山の場合は、三途の川を隔てて、山の側は「死者の国」である。ですから三途の川のところに姥堂があって姥がいる。しかしその姥の前で「十念」を授かって帰ってくると、生まれかわりが行なわれる。

逆修と浄土入

こういった「擬死再生」というものが山の信仰のいちばん基本である。山の中に入るということ、入峰《にゅうぶ》するということは、死ぬことである。そこで死後の苦しみをすっかりなめて、自分の罪、穢《けが》れを落として帰ってくるのだということが、山の宗教というもののいちばん基本にある宗教観ですし、それは浄土教に結んでも迎講、二十五菩薩練供養というようなものになって現われてくる。

そういう、生きているうちに死んだことにする法要のことを「逆修《ぎやくしゆ》」と申します。方々にある板碑《いたび》とか供養塔とか、あるいは石仏のようなものにまで「逆修」と書いてありましたら、生きているうちに死んだことにして念仏を受けて、そのとき法名をもらったのです。観阿弥《かんあみ》、世阿弥のように禅宗の信仰を持っていた人が、どうして「阿弥号」をもらって南無阿弥陀仏に結縁《けちえん》するかというのは、大念仏会のときなどに「逆修阿弥号」をもらったからです。逆修法名というのをもらう。それで一度死んだことになります。ですから禅宗の上杉謙信や武田信玄なども逆修する。そうするとますます勇敢に戦争する。ほんとうだったら坊さんになったら戦争はやめるはずなのですが、ますます戦争をする。もう死なないと思っていますから。なおさら勇敢になるというのも、そういう「逆修」の信仰というものがあるからです。それを一面的に、武田信玄はきわめて禅に熱心であったといいますが、だったら侵略をやめなければいけない。そういう庶民信仰の根底というものを知らないと、日本の宗教現象はわかりかねます。

それで、そこに逆修擬宝珠《ぎぼし》が現在遺っております。媧堂に入ることを「浄土入」といっている。「浄土入」しますと、百万遍念仏、十念授与、説法、血脈授与、血盆経授与というふうなことがあります。

配置売薬のはじまり

立山修験の生活の方法は何かといいますと、じつは経帷子《きょうかたびら》を売ることにあった。「立山曼荼羅《まんだら》」という、立山のありさま、開創縁起から立山開創図、布橋大灌頂図、中宮寺媧堂図、立山禅定略図、立山地獄図、来迎図というようなものがみな描いてある掛軸のようなものをもっていて、それを絵解きします。独特な絵解きの調子があったようですが。

それがすみますと、こんどは帷子を売った。また、そのときに立山からのおみやげと称する薬を持っていった。「立山曼荼羅」の刷り物と御札と薬を持っていったのです。これを越中藩が取り上げて、岡山のなんとかという医師を招いて「万金丹」を調整せしめることになります。そして立山の修験の檀那《だんな》場をそのまま使って、配置売薬というものが始まるのです。

こういう立山の修験たちは、檀那場を回って歩くときに、特定の場所に経帷子を百なら百、置いてくるのです。そしてその地方で需要があれば、そこへ行けば十枚なり二十枚なりが買えるようにしてある。これは薬の配置売薬とまったく同じ方法でして、立山修験から配置売薬が始まったという研究も富山のほうにはあります。

第六講　白山の泰澄と延年芸能

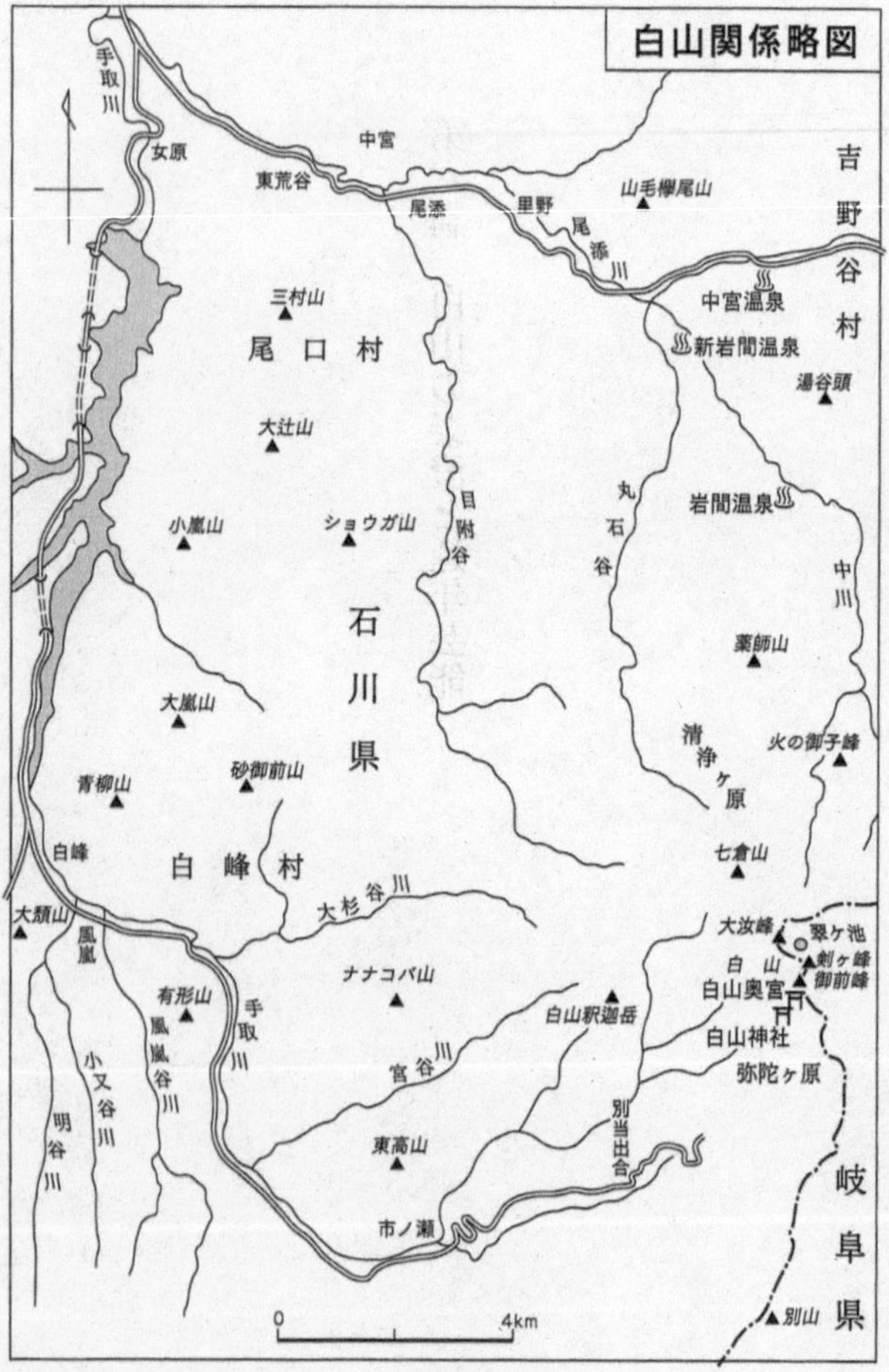
白山関係略図
手取川
女原
中宮
東荒谷
尾添
里野
尾添川
山毛欅尾山
吉野谷村
中宮温泉
新岩間温泉
湯谷頭
三村山
尾口村
大辻山
小嵐山
ショウガ山
目附谷
丸石谷
岩間温泉
中川
石川県
薬師山
大嵐山
砂御前山
青柳山
清浄ヶ原
火の御子峰
白峰
白峰村
七倉山
大杉谷川
大頽山
風嵐
大汝峰
翠ヶ池
白山
剣ヶ峰
御前峰
白山奥宮
ナナコバ山
有形山
手取川
白山釈迦岳
白山神社
風嵐谷川
小又谷川
宮谷川
弥陀ヶ原
明谷川
別当出合
東高山
岐阜県
市ノ瀬
0
4km
別山
(昭和五十四年現在)

三馬場

白山《はくさん》は日本海側随一の分水嶺であり、手取川と九頭竜川《くずりゅう》が日本海へ流れています。手取川は金沢の西を流れて海へ注ぎ、九頭竜川は福井の東を通って三国港へ流れ込んでいます。それに対して、長良川《ながら》は太平洋水系として伊勢湾に流れ込んでいく。流域の広さ、長さではおそらく日本随一でしょう。

白山修験は修験道の上でも、熊野修験に次いで日本の修験道界を支配しました。いつも熊野の修験と羽黒の修験は提携していました。弁慶は伝説上の人物ですが、歌舞伎の「勧進帳」では熊野から羽黒に帰るのだといって、安宅関《あたかのせき》を越す設定になっています。このように提携がありますが、いつもその中間に立ち塞《ふさが》っていたのは白山修験でした。日本歴史の表に武士の争覇というものがありましたように、裏には山伏の争覇がいつもあったのです。それに武家の争いとが絡み合って、非常に複雑な動きをしていました。

南北朝以後になると、熊野修験を追い払って、日本全国に白山神社を扶植していきます。青森県から鹿児島県まで白山神社というのがあります。熊野のほうは、昭和の初めに全国の熊野神社の分布を那智大社が調べて統計も作っていますが、白山のほうはそれができていません。それは白山が三馬場《ばんば》——本社にまっすぐに通っている参道のことを馬場といいます——ともに非常に仲が悪かったからです。同じ名前の神様を祀《まつ》っておりながら仲が悪かった。山伏というものは、厳しい行をするのは結構ですが、増上慢になって、自分は千日行をやったとか、木食行《もくじきぎょう》をしたとかいうと、自分が世界でいちばん偉いように思ってしまうのです。したがって他と妥協することがない。そのために内部抗争で滅びてしまう。修験の歴史はどの山もそうです。

越前馬場

白山もそうですが、その中で外部的な力によって滅びたのは越前馬場で、これは一向一揆《いっこういっき》によって平泉寺が焼かれてしまってから復興しなかった。平泉寺、越前馬場は福井県勝山市にあります。ここにはよほど大きな講堂があったと思います。

現在、白山妙理権現と越南知《おなんじ》権現と大行事権現という三社が奥に建っており、向かって右の端のほうに金剣宮《きんけんぐう》というのが建っています。それで四社が建っています。そのほかにはちょっとした拝殿があるだけです。

越前馬場の場合はまったく寺が遺っていません。平泉寺という名前をとって、このときに成就院という本坊の山伏が神主になりました。しかし実は越前馬場がいちばんの中心です。ふつう、加賀の白山といいますが、越前から開かれたということがわかりました。平泉寺へは、現在は国道が一本通っており、車で白峰までいけますが、もとは水谷川というところへ出てきた。それが江戸時代までの越前馬場の登山道路でした。

しかし、最近の考え方では、九頭竜川を水源まで遡《さかのぼ》っていくと、別山という二三九九メートルの山がありますが、この別山の下に石徹白《いとしろ》というところがあり、そこへ出てきて登った、とされています。越前馬場はこの石徹白から登った、ということがいろいろの文献からわかります。この石徹白は、岐阜県と福井県に分かれてしまいました。上在所《かみざいしょ》が福井県、下《しも》在所が岐阜県というふうに分かれてしまったのです。

安久濤《あくと》ガ淵《ふち》といわれる場所がこの石徹白にあり、そこが開山の泰澄大師が修行したところということで、そこに中居《ちゆうきよ》神社があり、泰澄を祀っておった。いま祭神は違っていますが、この中の開山堂に泰澄像と臥《ふし》行者と浄定行者が、ちょうど役行者と前鬼・後鬼のような形で祀られておりました。神社のほうの本地仏は虚空蔵菩薩《こくうぞうぼさつ》です。

この越前馬場を泰澄の修行の場所というのは、安久濤ガ淵が中居神社の前の淵と考えられますので、文献的にはいいのですが、虚空蔵菩薩もその鍵《かぎ》になります。

星を夢見る法

奈良時代には虚空蔵菩薩の求聞持法《ぐもんじほう》をすることが盛んでしたが、これは虚空蔵菩薩を本尊にして記憶をよくする法です。記憶のいいのはあとから習ったのでなく、はじめから覚えている智慧《ちえ》だということから自然智《じねんち》というのですが、その自然智が得られる。その証拠は記憶がよくなることです。弘法大師もこれをやったから、あんなに記憶がよくなったのかもしれません。

求聞持法の成就は、ちょうど百日目、いま短縮して五十日ですが、いちばん最後の晩の朝方に夢を見なければいけない。むずかしい話でして、そのときに明星が天降《あまくだ》ったという夢を見ないといけない。しかしそれを一生懸命念じていると見るのではないかと思います。それを見ないと、もういっぺんやり直さなければならないのです。

それで六回までやり直して、とうとう最後に星の夢を見たという人があります。これは新義真言宗を開いた覚鑁《かくばん》上人です。大師号をもらって、興教《こうきょう》大師となった。近年、高野山の聖者といわれた金山穆韶《かなやまぼくしょう》という方は、いっぺんで見たそうです。ほんとうに満天の星が降ってきたと言っています。そうなると自然智は成就する。この人は英語をやっていなかったのですが、どうしても梵《ぼん》語やチベット語の辞書をひくのに英語がいる。それでいきなり形で覚えたといいます。英語のアルファベットで覚えないで一つの形で覚えた。読めないでも形で覚えてしまう。それが求聞持法というものです。

これを泰澄はやった、と伝記に挙げております。いちばん古い伝記は『元亨釈書《げんこうしゃくしょ》』の『越知《おち》山泰澄伝』というのにある。余計なことのようですが、『元亨釈書』という本は、東福寺の坊さんで虎関師錬《こかんしれん》が書いた厖大《ぼうだい》な高僧伝ですが、その伝記の困った点は、出典を書いていないことです。しかし泰澄の伝だけには、『元亨釈書』は出典を挙げてあります。虎関師錬というお坊さんは禅宗のお坊さんで筋の通った人ですが、どういうわけか、泰澄に非常に私淑したとみえて、詳細な伝記を書き、多くのページをさいています。その出典を天徳二（九五八）年、浄蔵という有名な山伏の門人、神興が書いた『越知山泰澄伝』にとっている。非常に古びた、もうボロボロになった巻物であったということまでちゃんと書いてあります。ところでその内容は、金沢文庫本として遺《のこ》りました鎌倉時代の末のもので、『泰澄和尚伝記』というものと、これまた一つに重なり、信憑性《しんぴょうせい》の高いものです。

泰澄大師坐像（石川県白峰村〈現、白山市〉林西寺蔵）

泰澄という人は福井から西のほうの海岸に近い、越知山という山におりました。六一二メートルの山ですが、そこで私度僧《しどそう》になった。

そして衣食を自然のものに求めて虚空蔵求聞持法をした。

そうすると、この本尊である虚空蔵菩薩を中居神社の本地仏として泰澄像を祀った、ということになるわけです。ということは泰澄という人は、この石徹白の中居神社のある安久濤ガ淵で修行して、そこから白山に登ったという推定ができる。そのことに越前馬場の重要性があるのです。

美濃馬場

もう一つ、美濃馬場のほうへ話を移しますと、美濃馬場は長良川の長滝《ながたき》というところにあります。ここは水源ではありませんが、かなり上流の渓谷です。中宮といっていますが、実際は下宮です。これより下宮というのはない。長滝白山神社よりも下のほうに白山神社というのはありませんので、ここが下宮ですが、中宮はなんだということになると、国は違うけれども、越前の糸代(石徹白)である。江戸時代を通して長良川筋の美濃の人たちは長滝白山神社に詣《もう》でてから、こんどは越前のほうへ峠を越えて入り、石徹白へ出て、中宮として別山へ登ります。すでに述べましたように、白山の三神といわれるのは白山妙理権現と越南知権現と大行事権現ですが、その中の大行事権現を祀ったのが別山です。別山が三山の一つになったのは少し後で、泰澄の頃には大御前峰《おおごぜんほう》と剱御前峰、大汝峰《おおなんじ》がもとの三山だった。ところが泰澄が亡くなってから、泰澄が神格化されます。すべて修行の山というのは、箱根のところでいいましたように、だいたい開山の山伏が比丘《びく》形の三神の一つになります。ですからここで中居神社の泰澄が神様になると、別山のほうが三山の一つに考えられて、剱御前といわれた山が三山からはずされたのです。

そういうことで三山が出来あがって神様が三つになります。白山妙理権現と越南知権現と大行事権現になります。

この三つの神様のことはしばらくおくとして、馬場の話をしますと、美濃馬場の中宮はやはり越前側に入ってからの石徹白中居神社です。

加賀馬場

それから加賀馬場のほうでは、現在は白山比咩《しらやまひめ》神社といって、これが白山の主なる神社であると宣伝もしますし、人々もそう思っているのですが、じつはそのほかが衰えたからです。

比咩神社というお宮はごく平地にあり、山の上に金剱宮というのがありました。それがもとの剣の社だったのです。そこに里宮として中宮の、尾添《おぞう》村（現・白山市）笥笠《けがさ》中宮が下ってきて、現在の白山比咩神社が下宮として成立したのです。

そうすると山頂の三山はともかくとして、中宮でいいますと、加賀のほうは尾添村の中宮である。尾添というのは、おそらくもとは大僧と書いたのだろうと思います。小僧《しょうそう》に対する大僧です。沙弥《しゃみ》というのはほんとうの小僧ですが、それに対して大僧は、ほんとうはこれは比丘です。小僧行基《ぎょうき》といって、行基のしていることを養老七（七二三）年の太政官符で非難していますが、これは行基が沙弥だったからです。沙弥であるということは同時に私度僧です。自分で髪をそって坊さんになった。国家の容認しない坊さんである。それに対して大僧というのはれっきとした比丘ですが、山伏社会ではこんどはこれが一つの階級になってしまいました。大僧は上流の山伏、小僧は下流の山伏となった。

山伏のおったところを大僧といったのです。それが尾添になってしまった。そこに山伏集団がおって、そして中宮という隣りの集落にありましたお宮を祀っていたのが、かつての中宮だったわけです。

ところが現在（昭和五十四年）、この中宮から白山へ登る道はわからなくなってしまった。いま金沢から白山へ登ろうとしますと、電車は中宮までもこないのです。加賀一ノ宮まで電車がついており、そこでハイヤーを雇って岩間《いわま》温泉まで行きます。それから見返坂を登っていく。

白山登山の話になりましたが、たいていの人は南のほう、白峰村（現・白山市）の市ノ瀬のほうから入ります。バスは別当出合《べっとうであい》というところまで入ります。そして白山山頂に近い弥陀ヶ原、室堂に泊り、その日に御来光を仰いで七つ池をめぐって、それから岩間温泉のほうへ下ります。弥陀ヶ原まであとわずかです。しかしそれでも三時間ぐらいかかるのではないでしょうか。途中、別山を眺める景色は絶景ですが、これで弥陀ヶ原まで登って、室堂泊りということになります。そういう便利さがあるので、現在登りは、ほとんどすべてて、弥陀ヶ原まで登って、ほとんどすべての人が牛首《うしくび》や市ノ瀬から別当出合まで入り、そこから登り出す。

現在、中宮には小さい白山神社が遺っているだけで、道は中宮から真っ直ぐに山道がありますが、そのへんを登ってきたところに最近、檜新宮《ひのき》の跡が見つかりました。『白山之記』のほうにも檜新宮のことが出てきますが、檜新宮という日御子神《ひのみこのかみ》を祀った神社の跡です。たいへんな道で、ショウガ山という東のほうの非常に入り組んだ山道のどこかから入ったらしいのですが、現在はその山道は途中で切れてしまっています。そちらのほうがもとの登山道路であったらしい。

そういうことで馬場が三つあり、それぞれの中宮があった。

虚空蔵と十一面観音

私が下宮がないといいました美濃馬場のほうも、長滝白山神社が中宮だといわれるようになったのは、それから下のほうの白鳥《しろとり》とか、郡上八幡《ぐじょうはちまん》とかに白山神社がいっぱいあるからです。しかし中心的な下宮というのは一つもありません。その中に下宮にあたるだろうと思われる虚空蔵を祀ったお社がいくつもあります。それが高賀《こうが》山という山の周辺です。郡上八幡町（現・郡上市）と、板取村、洞戸《ほらど》村（現・関市）と、一町二村（現在は、二市）

にまたがった山です。これが白山神社信仰で、この周辺の白山神社は全部虚空蔵を本尊にします。そのほかのところはみな十一面観音です。白山というのはいちばんの神様が白山妙理権現で、本地仏が十一面観音です。十一面観音の白山神社というのがいちばん多いのですが、美濃馬場だけが虚空蔵菩薩を祀《まつ》っております。

そういうことで白山信仰の美濃馬場の謎が解けてきたわけですが、「円空仏」をつくった江戸時代の円空の足跡はみな白山の信仰圏にあります。とくにいちばん長く住んだのは高賀山中です。円空がほうぼうで遺した主なる仏は十一面観音です。これは白山の本地仏だからです。ところが自分の住んでおった周辺は虚空蔵信仰の場所です。ですから白山の本地といっても、十一面観音であるとは限らない。美濃馬場の場合には、泰澄を虚空蔵菩薩として拝んだ白山信仰がある。こういうことが最近になってわかってきました。

三山の神

そこで、白山の三山といわれる大御前と大汝《おおなんじ》と別山の神様ですが、白山妙理大菩薩は、社伝では菊理姫《きくりひめ》と泉道守者《ちみちもりひと》というものである。菊理姫ですから女神なんですが、この菊理姫というのは、じつはククリというのがもとの名前です。有名な竜田川の歌で、「水くくるとは」とありますが、ククルとは糸を染めることです。それに水をくぐるということの二つをかけているのです。この菊理姫という神が生まれたのは、神話では伊弉諾尊が死んだ伊弉冉尊を黄泉国《よみのくに》へたずねていって、黄泉国から逃れ出たあとで日向の小戸《おど》の橘《たちばな》の檍原《あわぎはら》で禊《みそ》ぎをした。そのときに伊弉諾尊が水の中にくぐったときに生まれた神様である。ということは、死の穢《けが》れを祓《はら》う神様である。

それから泉道守者は、黄泉国《よみのくに》へ行く道を守っている神という意味ですから、これも死者の国の穢れがこちらへこないように守っている神である。

こういう信仰があるということは、何度もいいますように、山には死者の霊がいるという山岳信仰があるからです。こういう菊理姫とか泉道守者が祭神になるのは、やはり山の上に死者の霊があり、その死者の霊を清めてくれる。死者の霊は清まらないといつまでも死出の旅路を歩かねばならないので、それを法華経の功徳とか、密教の功徳によって清めてやる。あるいはその霊になり代わって自分が苦行する。子孫が苦行することによって死者の穢れをとってやると、死後の苦しみから免れる。そういう信仰から山岳信仰というのはできるわけですから、穢れを清める神が山にいる、ということは十分に意味のあることです。

したがって、とくに別山のほうの信仰にあるのですが、別山の下のほうに一ノ峰、二ノ峰、三ノ峰とありますが、一ノ峰に血ノ池というのがあり、かつてはお産で亡くなった人をそこへ送っていったという信仰が美濃馬場の伝承にはあります。そういうのが白山の妙理権現です。

越南知《おなんじ》権現、大汝というのは白山神道の上では大己貴命《おおなむち》となっています。大己貴命とは大きなナをもつ。これを大己貴というふうに書いて文字が変わっただけのことですが、ナというのは土地のことです。あるいは国のことです。だから大国主というのも、オオナムチもオオナモチもみな同じ神様である。地主の神である。そういうことで地主であるというふうに『白山之記』のほうにも出ています。

『白山之記』のほうに、「その山の頂きに大明神住し、別山大行事と号す、これ大山の地神なり」とあるのは地主の神です。そういう地主信仰が大汝になったのです。大行事はいま申しましたように、二つの神様を祀った泰澄が神格化されて別山大行事権現というものになった。

そういうところには、神の子であるというので、よく児宮《ちごのみや》があって、別山本宮といわれております。それがもともとこの峰の信仰に剣の信仰があり、剱御前《つるぎごぜん》というものができ、いわゆる金剣宮《きんけんぐう》というのができ、「後にそば立つ一つのやや高き山は剱の御山と名づく、神代の御陵《みささぎ》なり」とあり、そこに伊弉冉尊の御陵があることを伝えていたものとみえます。その穢れを除くために菊理姫、泉道守者があるのだという伝承だったと思います。

泰澄・臥行者・浄定行者

泰澄という人は非常に法力の強い人であったので、石を呪文で飛ばしたり、止めたり、あるいは転がしたり、というようなことができたという伝説があります。

それから翠池《みどりがいけ》で祈ったところが九頭龍となって白山妙理権現が現われたという伝承があります。

それから大江匡房《おおえのまさふさ》が書いた『本朝神仙伝』の「泰澄伝」には、泰澄は飛行自在で、どこへでも飛んでいけたという、ちょうど役行者《えんのぎょうじゃ》と同じ伝承があります。泰澄が超人間的な力を持っていたということの一つの信仰的表われだろうと思います。

臥行者像（岐阜県白鳥町〈現、郡上市〉石徹白大師堂蔵）

それからもう一つ「苦加持《にがかじ》」をいつもやっていたというのですが、これはどうもほかに例がありません。どういう加持をしたのかわかりませんが、将来、何かの機会にわかってくるかもしれません。

また、飛鉢《ひはつ》といって鉢を飛ばす。これは山伏の験力の一つの表現で、合理的解釈と超人間的な解釈と両方ありますが、泰澄の場合は、泰澄自身が飛鉢をしたというよりも、臥行者《ふしぎょうじゃ》というものの飛鉢が伝えられています。

泰澄は最初は白山へ登らなかったのです。ちょうど日光の勝道上人がなかなか登らないで眺めてばかりいたのと同じように。やはりタブー視されていたからでしょうが、最初は、現在の福井の西北にあたる越知山にいて、白山を拝んでいた。その間に虚空蔵求聞持法もやっていたということですが、そこに大宝二（七〇二）年に、越後国小沙弥といわれる臥行者がやってきて弟子入りをした。

この人はいつでも雪の上でゴロゴロ寝ていたといいます。雪の上で寝ているので、訪ねてきた人が、この人は怠け者ではないかと言ったら、彼は心を練っているのだ、心の行者である、と言った。寝ていて食べ物を取ってくるのですが、それは鉄鉢を飛ばしてどこかからお米をもらってくる。

『越知山泰澄伝』によりますと、和銅五（七一二）年に、租税の稲を積んだ船が沖を通ったところへ鉄鉢がとんできた。船長が布施をするのを拒んだら、船の中のお米が全部越知山に飛んでしまった。浄定《きよさだ》という船長は困って泰澄のところへ行って謝って、お米を返してもらい、それを無事に朝廷に届けてから、また戻ってきて弟子になったと書かれています。

そして臥行者は飛鉢の法でもって食物を得る。この浄定《じょうじょう》行者は果物を採ったり、水を汲《く》んだりする労働によって泰澄に奉仕をした。ですから泰澄の像には、いつも臥行者と浄定行者が描かれています。あるいはそういう仏像が造られております。

それから『越知山泰澄伝』には、養老六（七二二）年には元正天皇の病気を祈禱《きとう》して治したとか、天平九（七三七）年に疱瘡《ほうそう》が非常に流行って、貴族がたくさん死んだので、それを祈禱して治したとかあります。『続日本紀』には疱瘡が流行ったのは天平九年とありますので、かなり『泰澄伝』は信憑性《しんぴょうせい》があることになろうかと思います。天平宝字二（七五八）年には白山から帰り、越知山に約十年住んで、神護景雲元（七六七）年に入寂した。こういうことは、かなりいろいろの意味から信憑性があり、ほとんどの山伏の開祖にあたる人たちが、まったく荒唐無稽《こうとうむけい》な実在の疑わしいようなものが多い中で、日光山の勝道と箱根の万巻と白山の泰澄は、まさしく歴史的実在の人物として証明できる。ということはこの三人だけではなくて、非常に伝承化した、いろいろの山伏の開祖にあたる人たちがかなり実在性をもったものではないか。そういう修験道の伝承の歴史性というものを証明する一つの拠《よ》りどころにもなると思います。

浄定行者像（岐阜県白鳥町〈現、郡上市〉石徹白大師堂蔵）

文学上の白山

白山についての歌は、『万葉集』に二つだけ出ていますが、その一つのほうは、どうも白山ではないという説もあります。

三五〇九番の歌は、

たくぶすま白山風の寝なへども　子ろが襲着《おそき》の有ろこそ善《え》しも

いかにも北陸らしい方言で詠《よ》まれております。「たくぶすま」はもちろん白の枕言葉で、白山風が激しく吹くので、「寝なへども」寝ることができないが、子供らのためにかさね着があったらいいのだがなあという、非常に素朴な歌です。

その次の三四七八番の歌は、

遠しとふ越（故奈）の白峰《しらね》に逢ほ時《しだ》も逢はのへ時も汝《な》にこそよけれ

（越と故奈と混同したのではないかといわれ、佐佐木信綱先生が越と変えたのです）たいへん難しい歌ですが、越の白峰というのが嬥歌《かがい》の場所になっていたのではないかと考えられます。越の白峰で逢いましょうと約束をしたが、相手が約束にこなかったのでしょう、それで「逢ほ時も逢はのへ時も」逢う時でも逢わない時でも、「汝にこそよけれ」おまえはどっちでもいいんだろう、というふうな捨て鉢な言い方です。きてくれないので自分は非常に困るが、お前のほうはきてもこないでもいいんだろう、という歌です。

『古今集』には三つの歌が出ております。

君をのみ思ひ越路の白山《しらやま》は　いつかは雪の消ゆる時ある

要するに、白山というものは見たこともない人でも白山という名前からして、いつでも雪が降っていると、歌の上では考えられていた。実際には白山はそんなに白くはありません。むしろ立山より白くない山です。しかし白山というところから、いつも雪が消えない。

　消えはつる時しなければ越路なる　白山の名は雪にぞありける

　おもひやる越の白山しらねども　一夜も夢にこえぬ夜ぞなき

白山としらねどもをかけただけのことです。

『宇津保物語』にもたびたび白山のことが出てきます。「菊の宴」には、皇太子の即位を願うというような大願を立願する話ですが、仕えている家来たちがほうぼうへ散らばっていって苦行します。その中に頭中将《とうのちゅうじょう》の君は、「近き社には詣でぬところなく、越の白山までまゐるに」とある。越の白山というのは、よほど苦行の場所と考えられておったにちがいありません。しかしそれも「道も知らぬ」にかけていたのかもしれないので、「道も知らぬ山にまどひければ、道よりかくきこゆ。なぐさむる神もやあると越路なるまたは知らねば迷ふころかな」「聞え給ふ人々、精進《そうじ》、いもひ（どちらも潔斎のこと）をしつゝ山々寺々に不断の修法を七たび、春の初めまゐり給はむ日まで行はせ、いみじき大願を立て、あるは山林《はやし》にまじりて（山伏になって山に入って）、金《かね》の御嶽《みたけ》（吉野から大峯にかけてをこのころいっている）、越の白山、宇佐の宮までまゐり給ひつゝ……」金の御嶽、越の白山、そのほかを挙げないでこの二つを挙げたことに、平安のころには、白山は修験道の一つの代表的な山であったということがいえるかと思います。

荘厳講・大般若会

白山修験にはいろいろの法会があったのですが、その中でのちまで影響を持ったのは荘《しょう》厳講《ごんこう》というものです。

荘厳講とは書いてありませんが、『白山之記』のほうに、不断念仏、不断法華というものが出ています。これを行なうのは「夏衆《げしゅう》」といいますが、修験道のほうでは山伏というものは夏衆とよばれる。僧兵という名前をよくいいますが、僧兵という言葉は歴史上にはないのです。南都の僧兵だとか、叡山の僧兵だとかいいますのは、明治になってから歴史家がつけたもので、もともとは夏衆あるいは堂衆とよばれました。

『白山之記』には、「阿弥陀堂には大般若経一部を安置す。数々の仏像これあり。新堂《しんどう》には五部の大乗経、十部の法華経を安置す。純金の三寸の三所の御体を安置す。この堂においては夏衆《げしゅう》ら夏中の勤め、あげて計《かぞ》うべからず。六月不断の法華経並びに八講等これあり」とあります。これは不断法華というもので、不断念仏と併せて行なわれるものです。『荘厳講中記録』というのがあり、不断念仏と不断法華は、鎌倉の初め、承元元（一二〇七）年から二十人の結衆をもって始まったことが書いてあり、『白山之記』の書かれた長寛元（一一六三）年にはまだ始まっていないのですが、不断法華と不断念仏が一つになり荘厳講ができた。花と香とを供えることを荘厳《しょうごん》といいます。飾るという意味が荘厳という意味です。仏前を飾ることとです。白山では、不断念仏、不断法華が行なわれる場合に、荘厳は一山の中の山伏の坊が当番になります。その当番のどこそこがこんどの当番であったということを書いて、そのついでにこの年にはこういう事件があったということを書いた日記が『荘厳講中記録』というもので、それによって鎌倉から室町の末のころにかけての美濃とか加賀の、天変地異とか、戦争とかの記録が残りました。この中には楠木正成のことも出てきます。だから、畿内の事件まで書いています。

それでその負担をした坊は、毎月行なわれる不断念仏、不断法華のときには、仏前の荘厳はもとより、集まってくる人々の賄《まかな》いまで全部負担したと書かれています。いまでは念仏講とか、庚申講《こうしんこう》とかというのは宿になったが、あれと同じです。集まってきた人にご馳走《ちそう》をする。それがこの時代の白山の荘厳講というものの性格ですが、だんだんと入る人が少なくなって困った記録がずいぶん出てまいります。

そのほか大般若会《だいはんにゃえ》というものがあります。大般若会とか、五部大乗会というものがあり、大般若経の転読をする。これが一つの大きな山伏の法会になります。

大般若経というのは山伏的なお経で、悪魔払《ばら》いのお経です。仏教の教理からいいますと、大般若経六百巻というのは全部「空」を説いたものである。諸法空である。すべての存在は実体がないということを説いたのだといいますが、日本の庶民信仰なり、山岳宗教なりでは大般若経を読むと悪魔が払われる、災いがなくなる。豊川稲荷の大般若経はいつも厄払いの人が読んでもらっているのです。したがって大般若経を山伏が読むときには、かならず大きな声で――いわゆる般若声といいますが――読み、それも「七五三読み」といって、はじめのほう七行と中を五行と、終り三行を読んで、あとは机を叩《たた》きます。悪魔払いの意味でこのお経は信仰されました。

如法経修行

それから法華経の特別な行としては如法経修行です。これも立山のところで申しましたように、如法経を始めたのは慈覚大師だといわれます。法華経をきわめて清浄なる心身を以て写す。しかもその環境も穢《けが》れのない場所で写す、ということで慈覚大師がわざわざ比叡山のいちばん奥の横川《よかわ》に首楞厳院《しゅりょうごんいん》を開いたのは如法経修行のためだといわれています。東塔・西塔では穢れがあると思い、その奥へ入った。たまたまそこに恵心僧都《えしんそうず》のような人が出たものですから、念仏の山みたいになりましたが、もともとは横川というのは法華経の如法経の聖地だった。いまでも夏は如法経の修行に、俗人の方はたしか三日間泊めてくれます。それが如法経というもので、この如法経があるために、修験の山には経塚が非常に多いのです。

とくに葛城《かつらぎ》山の場合は、如法経修行の埋経の行なわれたところで、二上《にじょう》山の北の亀ノ瀬から二上山、それから、いわゆる小さい意味での葛城山を経て、金剛山から牛滝《うしたき》、そして粉河《こかわ》、犬鳴山《いぬなき》、そして友ケ島と、一番から二十八番までの経塚ができたわけです。それから法華経は二十八品《ほん》といい、二十八の章（二十八品）から成っておりますので、二十八の経塚をつくり、そこを巡って歩くのが葛城修験の行になりました。したがって如法経修行をしたら、自分の所属するどこかの経塚にそれを埋めてくる。

この次に、伯耆《ほうき》大山のところで申しますが、如法経というのは経塚に埋めるばかりでなく、じつは水に流したり、池に沈めたりする如法経もある。しかし多くは経塚に埋めます。そのときに水を採る池があることは「みどりが池」あるいは「みくりが池」という、立山のほうにもありましたような池が、白山にも「翠《みどり》の池」としてあり、おそらくこれが「水取が池」であろうと思います。

その「水取が池」の水は齢《よわい》を延べる法、いわゆる不老長寿の薬であるといわれる神聖なる水ですが、それをもって如法経の墨の水にする。それがみどりが池の名前の起こったゆえんであろうと推定されます。

白山行事

それからもう一つ、白山について特筆しなければならないのは、「白山行事《しらやま》」というものです。この白山行事というのは、三河に「花祭」という山伏の神楽があります。これは山伏神楽であるということはほとんど疑う余地がない。山伏の神楽は毎年は行なわれません。いまの花祭は毎年ですが、七年にいっぺんごとの大神楽のときには三日三晩の神楽が行なわれます。そのときに白山行事が行なわれたことが、実は安政二（一八五五）年、最後の白山行事の記録にあります。「花祭」を研究した早川孝太郎という民俗学者がいますが、じつはこの人がいなかったら白山行事というのはわれわれの知識の中に入ってこなかったと思います。この人は、大正の末から昭和の初めにかけて、白山行事ということを聞いたので、人々の記憶を採集したのです。

昭和の初年というと安政二年から約七、八十年経っているわけです。だからすでに八十歳ぐらいの人でないと見ていない。しかもかなり長じてからでないと記憶に残りませんから、十歳で見たとか、十二歳で見たとかいうような人たち、あるいはお父さんから聞いたというような人もあったりして、たいてい、八十歳から九十歳代の方々を歴訪して、その見聞を聞いて纏《まと》めたのです。この人の苦心がいろいろと『花祭』（『早川孝太郎全集』一・二）に書いてありますが、聞きに行って話を聞いて帰ってくるとぽっくり死ぬ。一か月か二か月すると、みんな次々に死んでいく。この白山行事を伝えるために、その人たちは九十歳まで生きていたのではないかと思われるぐらい不思議に、聞いたあとでぽっくり死んでいったということを書いています。これは非常に貴重な聞書きで、私はそれによって立山の「布橋大灌頂《だいかんじょう》」と「白山行事」がじつは一つのものであることを証明できました。

従来は立山の布橋大灌頂といわれる一種の「生まれかわり」、女人往生の儀式、というものは立山の独特のものであるように考えられていたのです。ところが「白山行事」と合わせてみるとぴったりと合う。しかもこれは奈良の当麻寺《たいまでら》や京都の泉涌寺《せんにゅうじ》にあるような、二十五菩薩練供養《ぼさつねりくよう》と同じ根元を持っている。日本人の庶民信仰というのは、一度死んで生まれかわってくると、すべての罪は消えて長生きするし、幸福になるということがありま す。

浄土宗の檀家ですと、五重相伝《ごじゅうそうでん》という、生まれかわりの儀式をします。浄土宗のお寺は今年の何月何日から五重相伝があると知らせ、希望者は参加できるのですが、だいたいは檀家のものは強制的に入れられます。五十歳になったから五重相伝を受けろ、と。ほんとうなら五日間籠《こも》らなければならないのに、今では通います。だから毎日生きたり死んだりしている。お寺へ行っては、また帰って寝て、また次の朝出ていって死んだりします。そういう儀式を五日間、初重《しょじゅう》から五重までやる。いちばん最後の日に生まれかわって出てくることになります。そうすると阿弥陀如来《あみだにょらい》からずっと繋がった系図があり、それをもらうと血統書付きになりますが、それで亡くなったときには柩《ひつぎ》の中に入れて葬ってもらう。そういうのが一つの生まれかわりの儀式ですが、二十五菩薩練供養のような場合は、厄年の人が受け、厄を払うためにやるのです。

白山には、これは偶然聞くことができて、そのことがヒントになったのですが、越前馬場の中宮にあたる石徹白《いとしろ》に「布橋」というのが二つある。中居神社の前に安久濤《あくと》ガ淵といわれる淵がありますが、その二〇メートルぐらいの淵の中ほどに柱を立てて、一〇メートルぐらいずつの板を三本ずつかけ渡して、橋を造ってあるのが布橋です。

もう一つは、石徹白中居神社の開山堂の像と虚空蔵とを神仏分離のときに出してしまったほうの前にあります。もともとはこれが布橋だったのですが、神仏分離で中居神社の仏体を移しましたときに、そこに架けた橋を布橋とよんだ、と考えられ、両方に布橋大灌頂があったのではないかと思います。『白山之記』にも、「中宮下有橋、名一橋、不立柱、其岸高未計何十丈、渡之無余念敢不横目、偏念権現渡之」とあり、これは「二河白道《にがびやくどう》」とぴったり合うわけです。

「二河白道」というのは、念仏のほうでは善導大師の『観経疏《かんぎようしよ》』の中に出ている一つの譬《たと》えで、向こうに浄土があって、こちらに現世がある。現世のほうには獣が追いかけてきたり、侍が多勢追いかけてきて、苦しみに追い詰められた人がここで困って立っているわけです。こちらには浄土の有様が書いてあります。川のこちら側は火が燃えている。こちらは龍がいっぱい浮かんでいるという図柄で、浄土に向かって糸のように細い道がある。横を見たら足が震えて落ちると思います。それを信仰さえあれば渡れる。阿弥陀さんがかならず救ってくれるのだという信念さえあれば、そこを渡ることができる、というのが二河白道の譬喩《ひゆ》です。『観経疏』は譬喩だけだったのですが、日本へきてからたくさん描かれ、説経に使われました。

第七講　伯耆大山の地蔵信仰と如法経

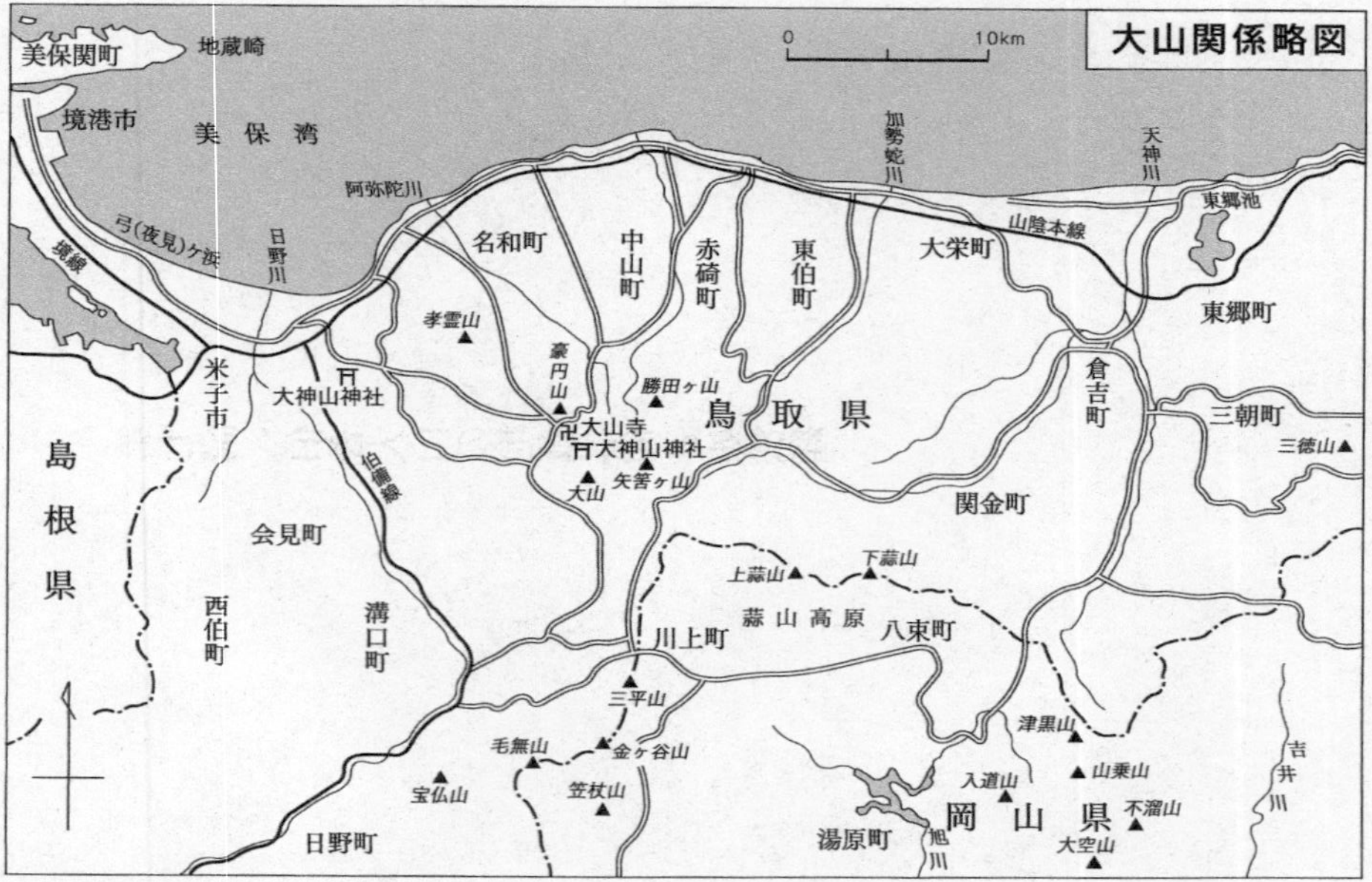
大山関係略図
0
10km
美保関町
地蔵崎
境港市
美保湾
阿弥陀川
弓(夜見)ヶ浜
境線
日野川
名和町
中山町
赤碕町
東伯町
加勢蛇川
大栄町
天神川
東郷池
山陰本線
東郷町
孝霊山
豪円山
勝田ヶ山
鳥取県
倉吉町
三朝町
三徳山
米子市
大神山神社
大山寺
大神山神社
矢筈ヶ山
大山
伯備線
島根県
会見町
関金町
上蒜山
下蒜山
蒜山高原
八東町
西伯町
溝口町
川上町
三平山
津黒山
毛無山
金ヶ谷山
山乗山
宝仏山
笠杖山
入道山
不溜山
吉井川
岡山県
湯原町
旭川
大空山
日野町
(昭和五十四年現在)

『暗夜行路』の山

大山《だいせん》は、山陰地方のいちばん大きな修験の山です。いまでこそハイキングの山になりましたが、みんなが自由に登れるようになったのは明治維新以後のことで、それまでの伯耆《ほうき》大山は一般の人の登れない山だったのです。

大山寺川の橋を渡ると金剛院、蓮浄院《れんじょういん》があります。蓮浄院は志賀直哉が『暗夜行路』を書いたお寺ですが、これからずっと登っていき、三つめの辻を右へ行くと阿弥陀堂があります。これは平安時代の様式を遺した鎌倉時代の建物で、大山寺で唯一の中世以前の建物ですが、ここの横に番人がいて、それから上へは登らせなかったのです。登るのは六月十四日の晩から十五日の朝にかけての「弥山禅定《みせんぜんじょう》」（禅定というのは山へ登ること）のときで、山伏二人だけが登った。弥山禅定には先僧《せんぞう》というものがあり、山伏二人に先達《せんだつ》二人がついて四人だけが登れる。そのほか一般の人は登れない。もっともここは薪《たきぎ》にするような樹木もさっぱり生えない山ですから、まったく一般の人に用のない山だったのです。「お鉢廻《めぐ》り」はいまでも転落する人があるくらいで非常に危険ですから、いまみたいに道が整備されていないときは、みんな敬遠した山だったろうと思います。『暗夜行路』といえば、謙作が登ろうとして五合目ぐらいのところでへたばって、草っ原で寝転んで、夜の明けるのを見ている名場面があります。草原が広がっていて、そこを弧を描いて鳥が飛んだというような、たいへんな名文とされているところですが、じつはあそこは九合目でして、五合目は笹原と萱《かや》の藪《やぶ》でそんなものはとてもないので、ちょっと場所が違います。

灌木《かんぼく》と萱原の中をおよそ七合目まで登りますと、それから先は大山伽羅木《だいせんきやらぼく》という、人の背の高さぐらいの灌木の生えたところが七合目八合目と続き、九合目で平らになります。その大山伽羅木を採るのと、蓬《よもぎ》を採ってきて信者にそれを分けるのが「弥山禅定」の一つの仕事です。

それから九合目に池があります。五つ池といいますが、現在（昭和五十四年）二つしか残っていません。いちばん大きく残っているのは中池といいます。その水を汲《く》んで下がってきてみんなに分けてやる。それから下ってきた山伏には、自分の痛いところを踏んでもらう。そういう信仰もあったのです。頭痛なんかですと頭を踏んでもらわないといけないわけですが、脚気《かっけ》なんかは足を踏んでくれると思います。そういうきわめて零落した修験信仰が、江戸時代まで遺ったところです。

どうして江戸時代にそうなったかというと、江戸幕府の出しました諸山法度に、「学問専一たるべし」というのがあり、それを真面目に守ったからです、山を歩いて修行するよりは学問をしているほうが楽ですから。日光の修験がだめになったのも、前に述べたように修行よりは学問重視のためです。要するにあまり修行しなくなった。しかし、比叡山が失ったいろいろのものを大山では遺したので、学問も法会も声明《しょうみょう》という声楽のほうも、よくここには遺った。

そういうことで修験の行としての「弥山禅定」というのは、私は夏の峰入りと推定していますが、それだけが遺ったのです。

焼失した『大山寺縁起』

縁起がよく遺ったのは修験の山ですが、修験の山の縁起の分析はたいへんむずかしい。ここには応永五（一三九八）年に書かれた、『大山寺縁起』というものが十巻あった。ところがこれが昭和三年四月二十二日に火事で焼けてしまいました。その二、三年前にこの『大山寺縁起』が国宝になり、それを機会に東京へ出して模写をした。それがお寺に戻ったあとで、そのほかの宝物類といっしょに本堂で全部焼失した。だから何も残っていない。ただ、『大山寺縁起』は東京へ持っていっている間に東京国立博物館と、東京大学史料編纂《へんさん》所が模写をしたので、その模写が遺った。

それからもう一つは、いまの阿弥陀堂の下に洞明院《どうみょういん》というお寺がありますが、そこに『大山寺縁起』の詞書《ことばがき》の写本が遺りました。これは筆からいって鎌倉時代の末である。そして内容からいっても、応永五年に絵は描かれていますが、詞書は弘安年間（一二七八―八八）ぐらいに書かれたもので、それに絵をつけたのが応永五年であると推定されて、古い部類の縁起に属します。

それともう一つ、室町頃のもので、文政二（一八一九）年写本の塙保己一《はなわほきいち》の『群書類従』に使ったものがあります。

この『縁起』をみると、開祖の金蓮《こんれん》上人以前にいろいろのことがあったように出ています。しかしこれは歴史事実とすることはできませんが、仙人というものが棲《す》んでおって、仏教以前の陰陽道《おんみようどう》、道教の修法をしている。とくに不老不死の薬をつくるような、錬金術のようなことをしているというふうな、仏教以前の有様が一つ書いてあります。

大山寺の山号は角磐山《かくばんさん》といいます。インドの世界観では、天にはいろいろの天がありますが、その中で弥勒《みろく》菩薩のいる浄土を兜率天《とそつてん》といいます。これは山の中の洞窟《どうくつ》の奥に、この世ではない一つの他界があるということから、それを兜率天にあてただけのことですが、その天の一角の磐《いわ》が落ちてきたから角磐山。その落ちたのがまた途中で三つに割れて落ち、その一つは熊野となり、一つは大峯、吉野となり、一つは大山になった。こういう伝承ができたということは、もとは熊野と吉野と伯耆大山とは一つの修験道の信仰の山で、同じような信仰と儀礼を持っていた、ということを意味するものと考えられます。そういうことを荒唐無稽《こうとうむけい》なような『縁起』の中で推定していくわけです。

石墨草筆の如法経

密勝仙人と仏覚仙人という人がいて、この仙人の力で禅頂《ぜんちょう》（山の一番頂上）に五つの池が涌《わ》き出した。真ん中に「中池」と、東西南北に四つの池ができて、その池の中にまた島ができて、島の上に宝塔が涌き出した。そしてこの中に法華経が入っている、こういうことを『縁起』で説こうとするのは、この山の修験が法華経中心だったことを表わしています。

ですから、私が「夏の峰入り」と推定しているこの「弥山禅定」は、山伏二人が法華経を写すので、ここの主なる行事は如法経《にょほうきょう》です。如法というのは浮世から隔絶されて、戒律によってきめられた生活を毎日送りながら、日本的な修行者はそれに水をかぶったりしながら、非食《ひじき》といって、正午以後は食べないということも守りながら、お経を写すわけです。その写す水を「中池」から採ったと推定されます。立山あるいは白山の「みどりが池」「翠《みどり》の池」というのも、やはりその頂上の水を使って写した。

如法経をするための行者は、江戸時代は十五日となっていますが、おそらくもとは七十五日ぐらい毎日上へ上がって水を汲《く》んでくる。この行が本来の「弥山禅定」ではないかと思います。しまいに六月十四日から十五日にかけて一回だけの登山に簡略化されたのです。本来ならその水でお経を写すべきものを、功徳のある水だからといって、ちょうどお水取りの水みたいに病人に分けて与える。そういうことに変わったわけです。

なぜそういうことに変わったかといいますと、お経を写すには墨と筆がいります。ふつうの筆は獣の毛ですから不浄である。中国やインドではべつに不浄としませんが、日本では獣を不浄としますから、獣の毛を使うことができない。それでわらの筆を使った。わらもことによると不浄かもしれない。それでいちばん清らかなわらは何かというと塩俵です。塩で清めてありますから。ですから塩俵のわらを抜いて筆に作った。そういう清らかな製法については『因伯《いんぱく》民芸史』に書いてあります。

そしてもう一つは墨ですが、如法経というのは、本来は比叡山から始まりますが、平安時代に明らかにやっておったのは山形県にある立石寺《りっしゃくじ》で、ここの如法経はいまでも続けているのですが、蓬《よもぎ》の筆です。蓬というのは、ふつうは草餅にするが、夏を越すとずっと薹《とう》が立ち、そして棒になったのを筆の長さに切り、いちばん先のところを石で叩《たた》きますと、そこだけササくれだって書けるのです。この石墨草筆というのが、伝わった一つの如法経の写経の仕方です。大山のほうは稲わらであるという違いがあります。こちらのほうは石墨ですから石です。硯《すずり》も石です。石と石をこすりつける。その石がよほど柔らかいと少しは砥《と》ノ粉《こ》ぐらい出ますが、どっちも固い。それを清らかな水で擦り、それでもってつけて書くのですが、何も書けない。書くのですけど跡は遺らない。これが如法経です。

従来の仏教考古学では、如法経というのは弥勒出世のとき、五十六億七千万年ののちに兜率天の弥勒菩薩がこの地上に降りてくる、そのときまでお経を遺すというふうに理論づけ、いまでもたいていの仏教史や美術史の本にはそう書いてある。また遺したいという念願を書いた経筒も出ています。藤原道長が大峯山の頂上、といっても実際には金峯山青根ケ峯ですが、そこに埋めた如法経の経筒が現在、東京国立博物館にあります。しかし、ほんとうの如法経はお経を遺すのが目的ではなく、苦行することが目的です。

毎日毎日頂上へ登って水を汲んでくる。そして墨はここでは朱を使ったので、赤土を特別の場所から採ってくる。大山へスキーに行った人は豪円山《ごうえんざん》の斜面で滑りますが、あの豪円山の陰から採ってくる。それを楞厳《りようごん》禅定といいます。この二つの行をしながらお経を写す。赤土ですから少しはのこったかもしれませんが、これもなにしろわらですから、ろくに字が書けるはずがない。

そういうふうにして書いたお経をどうして納めたかというと、これも『縁起』から推定すると、五の池に多宝塔が涌き出して、そこで法華千日の如法経を行なった、そしてそのお経を池に沈めたと書いてある。そういうことは江戸時代に入ってから大山の山伏というか、山伏をやめた「学問専一」たる坊さんは忘れてしまった。しかしこれは『縁起』から考え、当然お経を写したものを池に沈める。こういう一つの行が考えられます。中池の横にちょっと小高いところがあり、そこから排仏毀釈《はいぶつきしやく》で経筒を放り出した跡が現在遺《のこ》っておりますが、江戸時代にはその中池の横の鉄の経筒に入れたといいます。もちろん、一年も経ったら腐るわけですが。「弥山禅定」の謎を解くまでに、そういうものは隠滅されてしまいました。

滅罪の行

なぜそういうことをするか、これは修験道の一つの謎です。要するにお経を写すことは苦行ですから、苦行ということは「滅罪」です。巡礼することも遍路することも苦行ですけれど、これはみな自分の罪を滅ぼすことです。罪を滅ぼせば、その罪の結果起こってくる病とか災いというのはなくなる。ですから、お経を写すことによって自分の罪を滅ぼし、自分の信者の罪も滅ぼしてやる。そしてその罪を最後にどうするかというと、水に流すわけです。だからお経を水に流すことによってなおいっそう、罪を禊祓《はら》うことができます。これが物を水の中に沈める一つの目的でして、水をかぶることと同じように写したものを水に沈めて穢《けが》れをとる。

これがいわゆる罪を移す、というと移すのは鏡がいちばんいいですから、鏡に罪を移す。それを池へ沈めればまた罪が消えるわけです。羽黒山の場合、御手洗《みたらし》池といって、いまの出羽三山神社三神合祭殿の本殿の前に池があります。そこから現在、国宝に指定されている鏡が百八十面出ています。ところが、これはごく一部であって、もとはどれだけあったかわからないくらいたくさん出土したといいます。そういうのが一つの罪滅ぼしということで、水に沈めるということになります。

それから銭を沈めるというのもあります。お賽銭《さいせん》を上げるというのは、やはり自分の罪をお賽銭に託して上げて祓《はら》ってもらうことです。銭を沈めればやはり穢れがとれますから、池に銭を沈めたり、投げ込んだりする。そういうところはよく泉の湧くところにありますが、出雲の八重垣《やえがき》神社の池もそうです。いまは縁結びになってしまい変わりましたが、もともとは穢れを祓うことです。

それから写したお経を沈めるよりも流す。たとえば「卒塔婆流し《そとば》」も罪を清めるわけです。死者のために書いた卒塔婆を流します。例の鹿ケ谷《ししたに》の謀議に加わった俊寛と平康頼と藤原成経は鬼界島《きかいがしま》で千本の卒塔婆を流した。その一本が厳島《いつくしま》へ流れつき、それで赦免《しゃめん》になるという話がありますが、こういうのも罪を清める一つの方法であった。

京都の清聚庵《せいじゅ》というところに検校《けんぎょう》がいたので、全国の盲人はここの「御経流し」に参加するために毎年京上《のぼ》りをした、と『当道要集』に出ております。あれは一般には検校とか座頭という資格をもらうために上ったようにいいますが、ほんとうはここでお経を写して、それを加茂川に流す行事に参加したのです。同書によると、三月二十四日でありますが、それはなんと壇ノ浦合戦の日です。要するに平家一門の罪を滅ぼすためです。そういうことで修験道では苦行によって罪を滅ぼす。同時にそれは非常に原始的な方法ですが、水によってまたそれを滅ぼす。お経を写す場合には苦行によって写す。それをもういっぺん水に沈めたり流したりすることで、もう一つ清める。こういうことが大山の如法経に表われている。『大山寺縁起』は、開祖の金蓮上人より前にそういうことがもうすでに行なわれていた、ということを書いています。

三院三権現と大山修験のコース

大山寺川の真ん中に金門《きんもん》という不思議な大きな岩があって、その岩を割り抜いて川は流れております。それは八大龍王が掘り割ったといわれています。

この山に「常住護法」という一つの天狗の存在を説くために、智勝仙人が常住護法の童子となり、それがまた兜率《とそつ》天の宝光菩薩《ぼさつ》であった。また法華経に説かれる智積《ちしゃく》菩薩というのもそれで、それが第六天の魔王を八大龍王となって降伏《ごうぶく》させ、そしてこの金門を開いたということを説いている。

しかし大山寺川というのは、地図では真っ直ぐに南に流れて――実際は西の方向なんですが――おります。この川は金門を出ると、その左のほうに道路があります。大山寺本堂に向かって真っ直ぐに上がってくる道路です。川も左のところを流れていた。それが永享二（一四三〇）年という、全国的に洪水のあった年にこの川が真っ直ぐ流れてしまった。その川の河原に南光院という、釈迦《しゃか》を中心にする一グループがあった。この南光院というのは法華経、すなわち釈迦信仰を中心とするところの修験集団で、そこを全部押し流してしまった。それでやむを得ず南光院の人たちは道路よりも左側、法雲院、理観院、清光院に移った。ですからもとは道路の左の上のほうに――大山寺本堂の下のほうに――下山観音であるとか、佐佐木高綱地蔵があって、その下の虚子の句碑の横に観証院があります。これが現在の本坊で、中門院の中心です。

その大山寺川、いまの河原のところに南光院があり、その右のほうに西明院があってこれが阿弥陀中心である。地蔵中心と釈迦中心と阿弥陀中心の三つの院がここに横にずっと並んでいたわけです。それが川の洪水で金門を流れ出して配置が変わったのです。

そういうことで如法経と天狗と、それから大山寺修験の勢力範囲が非常に広かったことを述べています。神話みたいにしておりますけれども、実際は歴史事実を神話的に語ったのです。

出雲《いずも》大社というのはいまでこそ大社ですが、もとはお寺が支配していたものです。支配していたお寺、したがって出雲大社の奥の院ともいわれるのが浮浪山鰐淵寺《ふろうさんがくえんじ》というお寺です。これは美術史の上では白鳳の仏像があるのでたいへん有名ですが、信仰的には蔵王《ざおう》権現の信仰です。吉野蔵王権現です。たいへん幽邃《ゆうすい》なところにあります。

ところがその鰐淵寺、大社の奥の院をもう一つ上で支配していたのが大山です。ですから大山が鰐淵寺を支配し、鰐淵寺が出雲大社を支配しておった。そのことを『縁起』は語っている。すなわち西には浮浪山鰐淵寺があり、東には枕木山がある。枕木山というのは、中海に面した出雲半島の東の端のほうにある山で、非常に景色のいいところです。それは薬師信仰である。

そういたしますと、これは推定ですが大山修験は、小さな修行ではいまの大山の弥山《みせん》へ登り、いまハイキングコースになっている剣ヶ峰へ出て、それから天狗峰をずうっと回って三鈷《さんこ》峰へ行き、それから大神山神社のところに下ってくる。これが小さな回りです。もう一つの回りは出雲半島を回ったと考えられます。これは「大回り」です。その修行の跡である美保関《みほのせき》から枕木山、出雲大社から日御碕《ひのみさき》には神話化された話がのこっています。

開祖の子孫・妻帯の別当

大山寺修験の開祖に当たるのは、これは時代が書いていないが、役行者《えんのぎょうじゃ》よりもあとであることは事実で、狩人の依道《よりみち》というものが、美保関で金色の狼が海から出てくるのをみて追いかけた。そしてこれを射ようと矢の先に狙ってみたところが、なんとそれは地蔵菩薩であった。それで狩人である自分の罪の深さを知り、髪を切って坊さんになった。それが金蓮上人です。

ところが海から上がった金の狼が地蔵さんに変わって、また見ていたら地蔵さんが女に変わってしまった。それが登攬尼《とらんに》という尼さんである。登攬尼が告げていわく、あなたをここへ引き寄せて、そして仏道修行させようと思って、じつは自分は狼に化けてここまで連れてきたので、自分の本体は地蔵菩薩である。しかしあなたを導くために夫婦になりましょう、と。それで「夫婦二人ながら仏道行じけり」となっています。

一般的な山伏の生活は、夫が山伏で妻が巫女《みこ》であるという例が非常に多いのです。山伏のほうが祈りますと妻のほうに霊が憑《つ》き、託宣をしたり不思議な祈禱《きとう》をしたりする。これはかなり後世まで続いておりまして、江戸時代に入っても山伏の妻が巫女であるという例は多い。のちになりますとイタコのご主人はだいたいボサマといい、三味線を弾いて唄《うた》をうたう人です。津軽三味線はそのボサマの芸です。だから山伏と巫女とが一対であるのは、ボサマとイタコが夫婦であるというのと同じです。そういう事実は荒唐無稽《こうとうむけい》なようなことだけれども、『縁起』が示している。そう解釈すれば、歴史の記録性にある裏が縁起と神話の形で出てくる。

要するに、肉食妻帯の山伏というものがこういう形で出てくる。妻帯しておりましたから子孫があります。その子孫が玉造《たまつくり》の長谷川家で、玉造温泉でいちばん大きな保性館《ほせい》という旅館を経営している。そういう子孫があることからみましても、妻帯の山伏はかつては妻帯別当であったわけです。開祖の子孫というのはみな別当というものになります。弘法大師には直接の子供はありませんが、母方の阿刀氏《あとうじ》というのがあり、これがずっと東寺の別当をつとめてきた。それから高野山の別当も慈尊院というところにおり、ずっと伝わってきております。

みんなそういうふうに、俗別当というのは妻帯しながら俗務——本来は坊さんはお金をいじってはいけないから、年貢をとったりお金を計算するようなこと——をしておった。それに当たるものが依道の子孫であったと考えられます。しかしそういう人は天狗としてのみならず神格化されるのですが、それがおそらくは霊像《れいぞう》権現と、地蔵をまつる大智明《だいちみょう》権現と、それから文殊を祀《まつ》った利寿《りじゅ》権現の三権現となってきたのです。

美保浦の火

狼の出た美保浦は地蔵岬として残っています。いまの美保関の入口にあたり、いわゆる五本松のあるところの東ですが、ここは隠岐《おき》と出雲半島の難所を照らすいちばん大きな灯台のあるところです。じつは美保関のホというのは火です。大国主命が国土経営に困っているときに、だれか助けてくれないだろうかといって、海を見ていたら、『古事記』のほうは少彦名神《すくなひこなのかみ》というのが来る。『日本書紀』のほうは幸魂《さちみたま》・奇魂《くしみたま》というのがやってくる。常世《とこよ》からくる神様です。海のかなたから人間の困難を助けにくる神があるのですが、そういう「寄り来る神」の一つが少彦名神で、同時にこれが大山の神になるわけです。

ですから大山の神というのは、海のかなたから狼に化身してやってきたところの神である。そういう場所に美保があるのです。『古事記』は、この美保浦を「御大之御前」と書いています。これはみな火《ほ》という字の変化したものだといいますが、とてもそうは考えられない。これは写本の時に「火」を「大」と書きまちがえたと考えたらいちばん簡単です。

考えてみれば、そういう「寄り来る神」のおるところには聖なる火が焚《た》かれる。「寄り来る神」が火となって飛んでくる話は、「龍灯伝説《りゅうとう》」というものにあります。常世《とこよ》の国のことを龍宮といいますが、海のかなたの他界です。そこから龍王が海岸の霊験なる神や仏のところに灯を献ずる。主にお盆とか大晦日《おおみそか》に献ずるという伝説が龍灯伝説です。常世からお盆とか大晦日という霊祭《たままつ》りの時に去来するわけです。ちょうどお盆に、霊がお墓なり山なりから迎えられて、家で祀られるように、霊の去来を表わすのが龍灯である。そしてそういう場所には、その目印になるように聖火を焚く。

聖火を焚くことには、じつはもう一つの意味があります。のちになると航海の安全ということが目的になってしまうのです。これが灯台です。

ウップルイ

そこで火を焚くのは、じつは目的は聖なる火を焚くことで、そこへ神や霊を招き寄せるのですが、二次的に航海の目印になり、灯台の役目をする。日御碕のほうは、熊野修験が守っていた。だから島根半島の西は日御碕、東の端は美保関です。どちらも聖なる火を焚く場所です。日御碕の東に位置するのが十六島《うっぷるい》です。どうして十六島をウップルイと読むか、不思議でたまらなかったのですが、偶然、二十年ぐらい前（昭和五十四年現在）に、彦山のほうへ調査に行きましたとき、彦山の山麓《さんろく》で集められたお札を別府在住の松岡実という民俗学者が持っておりました。じつはその中にウップルイの謎を解くものがありました。要するに、ウップルイとは、日御碕の下のほうの磯《いそ》に生えた海苔《のり》です。その海苔を紙包みにして、ここの山伏は配って歩いた。彦山の山麓あたりまで配って歩いた。この海苔を食するものはすべての病、災いを打ちふるうべし、と書いて打ちふるうがウップルイになった。みんなふるい落としてしまう。それを、十六善神影向《ようごう》の地にちなみ、前二字の十六を採ってウップルイとよんだというのです。

そういうふうに「神の寄り来る」場所に生えている海藻まで非常に神聖なので、いま平田市（現・出雲市）の一畑《いちばた》薬師にも、目の悪い人は毎朝、海岸まで行って、海苔を拾ってきて上げていた。そのうちに目が見えるようになる。そういう常世からの贈りものの一つの幸いが、そういうことに表われている。そういうところに火が焚かれ、またそういうところほど波が荒くて灯台がないとなかなか通れない。出雲半島と隠岐島の間は、連絡船で行っても真ん中で酔うくらい揺れるところですが、向こうのほうの西ノ島には焼火《たくひ》山というのがあり、江戸時代からこの沖を通るときには、かならず松明《たいまつ》に火をつけて海に放り込むという信仰があって、絵馬がたくさん上がっております。ここで焚いている火と日御碕が、ここを航海する船の目印だったのです。

同時に、大山の火もやはり見えた。それで『大山寺縁起』の中には、難破して数日漂流しているうちに、どことなしにぼやーと光が見えたので、その方向へ進んでいったら、それは大山の火であって助かった、という話も出ています。大山自身の火や、それを管理している美保関なり、日御碕なりの火がたいへん漁民の信仰を集めたと思います。

焼火神社（島根県西ノ島町）

忌明け詣り

髪田《かみた》の浦人の月詣《もう》での話があります。髪田の浦の漁師が毎月大山へお詣《まい》りしていた。ところが、そのうちにお母さんが亡くなり、亡くなったから穢《けが》れがあるわけですから、大山へお詣りできないと思っていたところが、旅僧が訪ねてきて、お母さんが死んだから詣らないと言っているが、じつはお前は詣っていいんだ、と言った。「亡母の五旬をすぎないけれども奉幣妨げず」と書いてあります。五旬というのは五十日ということで、昔は五十日祭とか百日祭というのが死者供養だったのです。仏教が入ってきてから四十九日になった。七七日忌になったのです。五旬といっているのは四十九日。四十九日すぎないうちは詣れないと思っているけれども、五旬のうちの四十九日の中でも大山へお詣りしていいんだ、と。これなどは「忌明け詣り」といい、四十九日のお詣りという習俗があったことを示す一つの神話になります。四十九日のお詣りのあるところというのは、亡くなった人の霊をその山へ送っていく儀礼のあるところです。そしてその山へとどまる霊になるわけです。

いまは四十九日までというふうになっておりますが、もとは四十九日ちょうどその日にお詣りするのが「忌明け詣り」です。清まった霊を山へ送っていって、そしてこんどは山の神の眷属《けんぞく》として山でとどまってもらう。これが山の信仰です。それが忌明け詣りに表われているわけで、四十九日を過ぎないでも、といっているのはやはりそれだけ変わったのです。四十九日のお詣りに詣ることは妨げない、ということならば話が合うのです。四十九日に大山なら大山にお詣りすると、それからは村の氏神さんにお詣りしてもいいし、神棚の忌中の紙をとってもいいわけです。

そういう信仰が近畿地方で非常に強いのは粉河寺《こかわでら》です。粉河寺というと、子安の観音さんのように思っていますけれど、じつは紀ノ川筋では忌明け詣りのところです。高野山もその一つですけど、高野山のほうは非常に変質しまして、あの付近では、人が死んだら「忌明け詣り」はその翌日に高野山へ髪納《かみおさめ》にいくというふうになってしまいました。

昔は忌服《きぶく》というのは非常に長かった。中国では親の忌は三年といいましたが、日本でも一年間ぐらい摂政関白が天皇の前へ出られなかった。ですから親が死んだり、妻が死んだりするとたいへん不便です。そんなときには持回り閣議みたいに持って回り、書類の決裁を得た。

そういうことで、だんだん短くなってきたのが武士階級です。一般庶民になると、なお簡単になりました。

「忌明け」の「忌《き》」というのは、またヒと申します。「ヒが明ける」ともいいます。それでヒアケがこんどはシアゲ（仕上げ）になったのです。お葬式のすんだ次の日には、仕上げ法事といって生ぐさものを食べます。それはまだいいほうで、お葬式から帰ったら料理屋へ行って刺身を食べたりする。なんだか仕事仕上げみたいに。これは忌《いみ》が明けることです。日常生活を便利にするために、少しでも早くしようとして、忌の観念がだんだんと弱くなって、このように変わってきた。そういうことで、高野山は翌日、髪のぼせとか骨《こつ》のぼせとかいって登ったりする。しかしここは四十九日のうちであり、粉河寺ではいまでも四十九日にお詣りしていると思います。それから鰐淵寺《がくえんじ》、このお寺も四十九日にお詣りがあります。鳥取の郊外にある摩尼寺《まにじ》も四十九日詣り、それから耶馬渓《やばけい》の羅漢寺もそうです。

こういうふうなところは多くは五百羅漢があり、ちょうどそのとき送っていったところで、自分の亡き親なり子供なりに似た顔を見て、ああここにもう来ているんだなと思って、安心して帰る。そういう意味で五百羅漢は造られるので、山岳宗教と葬墓史というのはじつによく相応している。それから四国で弥谷寺《いやだに》（香川県三豊市）がそうです。ここではお詣りした人がみな位牌《いはい》供養で位牌を立てていきます。高野山あたりの位牌は日拝《にっぱい》とか月拝《げっぱい》とかいいながら、どこへ位牌がいっているのかわからないのですが、弥谷寺だけはちゃんと原簿ができていて、何年・何月のどこそこのだれそれの位牌というと、サッと出るようにできている。そしてあと三年忌とか七年忌とかにお詣りすれば、かならずその位牌の前でお勤めができるところです。これも四十九日のお詣りで、瀬戸内海の島々から皆がお詣りに行くところです。

こういうことが大山にもあった。これはやはり地蔵の死者救済というものによるわけで、この髪田の浦人の月詣りの話では、そのお母さんが地獄谷へ堕《お》ちた。ここも東側に地獄谷という所があるのですが、そこに死者の霊が堕ちるという信仰があり、それを地蔵さんが救ってくれたという話があります。

三院抗争

こういうふうに、大山では三院がそれぞれの本尊を異にしながら、地蔵信仰と釈迦信仰と阿弥陀信仰というものを中心に修験の生活をしていた。

ところが、三院がそれぞれ自己主張して争った。主なるものは『縁起』でみるところでは、寛治七（一〇九三）年と永久三（一一一五）年と仁安三（一一六八）年で、それぞれの原因はあるけれども、そのつど相手を焼打ちする。そうすると、こんどは片方が復讐《ふくしゆう》のために焼くということで悪循環です。その悪循環でもって滅びた。山伏の庶民信仰の管理者としてのいい面を私は認めていますが、こういうところはあまり認められません。

寛治七年の場合は、『中右記《ちゆうゆうき》』という公卿《くぎよう》の日記に出てきますが、朝廷に訴えて出るわけです。六百人ぐらいの山伏が京に上ってきた。ちょうどそのときに関白の行列を横切って咎《とが》められた。なぜお前は関白の行列を横切ったかときかれたから、私は田舎者で知りませんでしたと答えたので、さんざんに懲らしめられた。すると、こんどは山伏が暴れた。そうしたら関白の夢に神様が現われて、「田舎人は案内も知り候はで」といった。あれは大山の神様だというので山伏に謝ろうとしたのですが、そのときには大山の山伏もだらしのない話で、大山の神輿《みこし》を山崎の場所に置き去りにして逃げてしまった。まったくヘナチョコ山伏だったのだと思いますが、そのまま大山のお神輿はみんなの笑いものになった。そんなことが出ています。

このときの原因になったのは、富田《とんだ》の荘司が地蔵会の費用を出すことを拒んだためで、富田の荘司と中門院と南光院とが結んで、西明院と喧嘩《けんか》した。

地蔵会というのはよくわからないが、いろいろと『縁起』から分析していくと、こういう修験の山のお祭りは山の中でするだけではない。神様を担いで大騒ぎをして国中回るのですから、たいへんな費用だと思います。それを負担せいというわけですから、事件が起こった。

その次の永久三年の場合には、南光院と中門院とが争った。そのときの武勇伝がいろいろ出てきますが、ちょうど弁慶と同じように、中門院の勢太《せた》法師は南光院の鐘を一人で担いで持って来てしまったという。

その次の時の仁安三年には大嘗会《だいじょうえ》官使といい、天皇が即位の大嘗会を行なうときに、その費用を諸国に賦課するわけです。その税をとりにいった税務署の役人を追い出したのですが、その中で南光院の別当明俊は伯耆あるいは出雲の武士たちと、それから美徳山《みとくさん》の山伏といっしょになり、中門院・西明院と争った。美徳山というのは三朝《みささ》温泉へ行ったらつれづれに登る山で、いまは三徳山と書いてあります。これも修験の山です。大山が非常に勢力を持っておったときには、因幡はもちろんのこと、但馬あたりまでも勢力範囲に収めていた記録がありますので、山陰全体にわたったといってもいいと思います。したがって美徳山も大山の一つの別院だったのですが、このときに美徳山と武士とで大山一山を焼いてしまう。それでこんどは大山のほうから美徳山へいって全部焼いてしまう。

修験の山としての美徳山で記憶すべきことは、いちばん古い平安中期の蔵王権現の像のあることです。蔵王権現信仰というのは、一般には平安末期ぐらいからだろうといわれていたが、ここの平安中期の毛彫りの鏡に蔵王権現の像があり、平安末期の彫刻の蔵王権現が三体もここにあります。

大山修験の衰退

『今昔物語集』に、貧乏な坊さんが地蔵のお告げにより、伯耆大山の地蔵にお詣《まい》りした話があります。愛宕《あたご》の地蔵さんでは手に負えないくらい貧乏だったらしい。だから伯耆大山を紹介してやるから向こうへ行けということで行った。そこで六年間修行しているうちに、たいへんな福がついたということが出ています。

ところが愛宕と大山との共通点は、どうも如法経を池に沈めることにあったらしい。杉断定的なことはまだいえませんが、いまの京都の愛宕山の拝殿のすぐ下のところに、杉池という池があります。そこに宝篋印塔《ほうきょういんとう》（納経塔）があります。だからもとは沈めていたものが、のちになると宝篋印塔の中に納めた。ちょうど大山の中池にもとは沈めたものが、のちにはその横の経筒の中に入れて埋めた、ということと同じように変わったと思われます。そうすると大山修験と京都の愛宕修験との間には儀礼上の共通性と、いわば往来があったということを推定せしめます。そのことが大山の地蔵と愛宕の地蔵とは共通性があった、ということに繋《つな》がっていると思います。

最後に、例の「弥山禅定《みせんぜんじょう》」ですが、ここの春峰というものはわかりかねますが、「夏峰入り」と考えられるのが六月十五日の弥山禅定で、最初に述べたような行事です。そしてほんとうは一週間の間、山を巡って帰った。「回レ峰七日而帰、其修行入二馬頭之秘洞一立二三鈷之法岩一、禅修観錬、往々有下成就二悉地一者上焉」。悉地《しっち》を成就するというのは、悟りを開くという意味ですが、たいへんな験力《げんりき》をつけて奇跡を行なう者もあった。「世降虽無其人」すなわち七日間の回峰をするような者もいないけれども、「弥山禅定」という一日だけ登るのが「亦是其余風也」とある。

だからここでは、もとは七日間修行した結果、「弥山禅定」が行なわれたのだといっていますが、江戸時代は十五日が普通の入峰になります。しかし平安時代でしたら、おそらく七十五日の入峰で島根半島まで回ったのだと思います。

『伯耆民談記』には「中の会は、六月十五日、院僧二人山上して山顚《さんてん》の水を汲《く》む。是、智積仙人の（いわゆる如法経の）伝法ありといふ」とあります。そして山から下ってきた行者は、弥山禅定の浄水桶に汲んできた水と大山伽羅木と蓬とを採ってきて、待っている信者にそれを分けた。

こういうことで大山の概略を頭に入れていただいたわけですが、大山の修験の勢力は平安時代以後は衰え、中国地方にはむしろ四国の石鎚《いしづち》修験の勢力が入ってきます。そして南北朝時代ぐらいになると、もう一つ修験の中心が岡山県の児島半島にできます。これは後醍醐天皇のご落胤《らくいん》と称する人が開いた五流《ごりゅう》修験というものです。五つの縁起でもって構成したので、五流修験と申します。これはずっと岡山藩も保護しましたし、宇喜多秀家も保護して、戦国時代ずっと繋がってきたのですが、熊野系統の修験です。いまだに熊野権現を祀《まつ》っております。鷲羽《わしゅう》山と倉敷のちょうど間ぐらいでしょうか、林というところに五流修験ができました。

それから、もう一つは、南北朝から室町期のころになりますと、後山《うしろやま》修験という、また妙な修験ができてきた。これは兵庫県と岡山県の美作《みまさか》との境、岡山県のほうは東粟倉村（現・美作市）といい、兵庫県のほうは千種《ちぐさ》町（現・宍粟市）といいます。ちょうどその中間に後山（一三四五メートル）があった。その後山を五流修験と後山修験とが争った記録も遺っています。江戸時代に入り裁判をやっています。

中国地方というのは、選挙でいえば草刈り場でしょうか。大山の勢力がなくなり、いろいろの修験から蚕食された場所になりました。

修験道というのは、いまでは何もないようなところに意外に多くの事跡があるのです。

第八講　四国の石鎚山と室戸岬

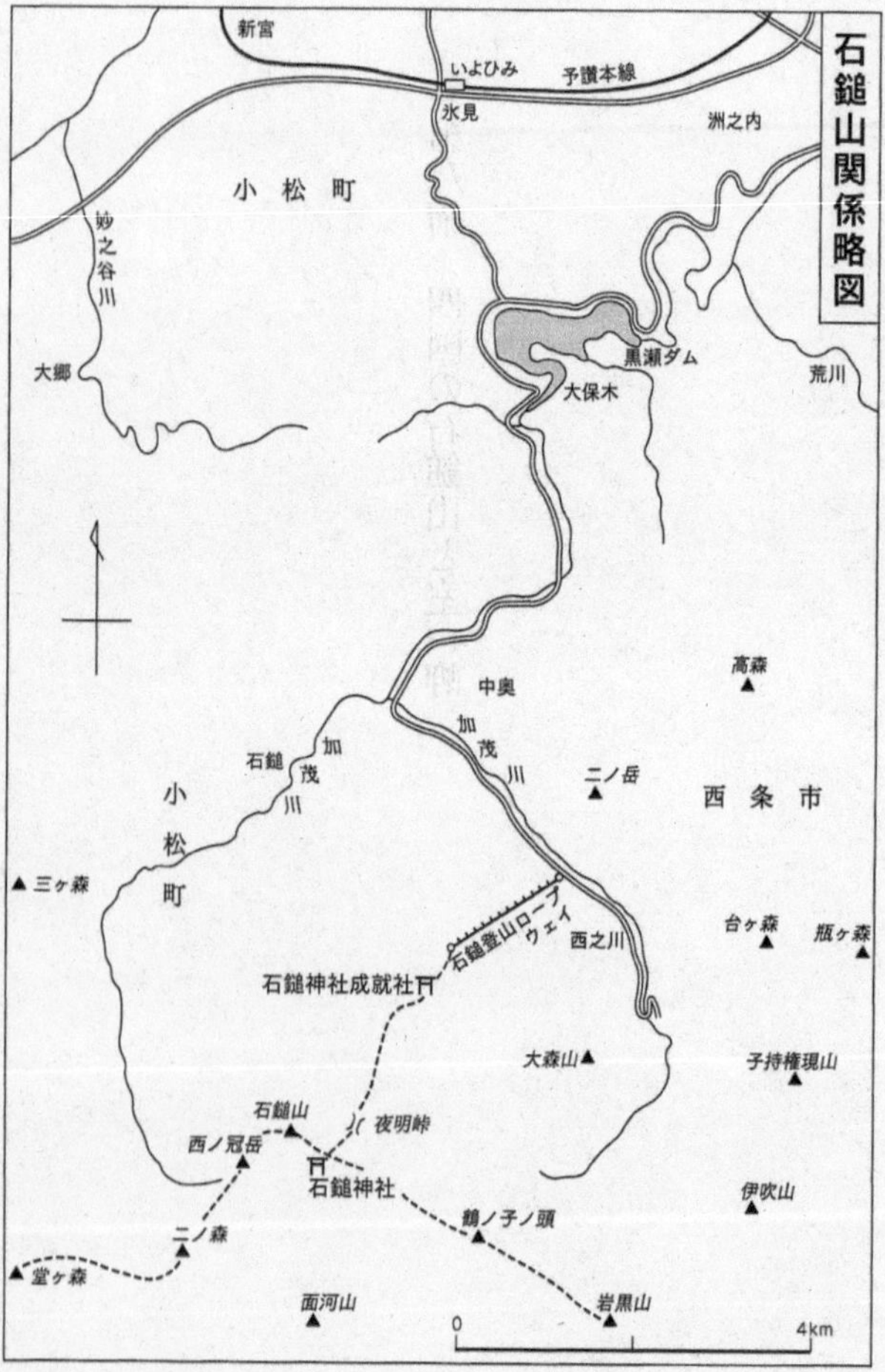
石鎚山関係略図
新宮
いよひみ
予讃本線
氷見
洲之内
小松町
妙之谷川
大郷
黒瀬ダム
大保木
荒川
中奥
加茂川
石鎚
二ノ岳
西条市
高森
小松町
三ヶ森
石鎚登山ロープウェイ
西之川
台ヶ森
瓶ヶ森
石鎚神社成就社
大森山
子持権現山
石鎚山
夜明峠
西ノ冠岳
石鎚神社
伊吹山
鶴ノ子ノ頭
二ノ森
堂ヶ森
面河山
岩黒山
0
4km

(昭和五十四年現在)

石の霊

石土毘古神《いしづちひこ》という神様の名前は、明治維新のときにつくったのです。もとは「石槌神《いしづち》」といった。この名前は『日本霊異記《にほんりょういき》』（下巻第三十九）に出ています。「石鎚山《いしづちやま》」の「石鎚」というのはいったいどういう意味かというと、ツチのチというのは霊魂のことです。ミズチといえば水の霊という意味ですから、水の神様です。イシヅチといえば石の霊です。

日本人は神とか霊とかは目に見えないと考えています。どこでも霊とか神とかは目に見えないことになっていますが、仮にそれを形にうつそうとしたのはギリシャ人です。ギリシャ人は神を有形化しなければならなかった。霊と物の霊肉分離はどこの民族でも同じですが、アニミズムというのは物が生きているのだというふうに考えました。このあたりがギリシャの考え方のようです。日本人は物が生きているのではなくて、物の中に霊があると考える。同じようで実は違うのです。ですから肉体を日本人は意外に粗末にします。その中に入っている魂のほうが価値があるわけです。

ところがギリシャ的な考え方をずっと継承しているヨーロッパの考え方からいえば、肉体が非常に大事です。

日本人は人が亡くなっても肉体は簡単に捨ててしまう。それは霊魂だけを祀《まつ》ればいいのですから。

ところがヨーロッパでは、アメリカでもそうですが、ベトナムで何十万人という人が死にましたが、死体はエンバーミングという死体保存の方法を講じてアメリカへ空輸された。日本人はそれがいいか悪いかはともかく、石一つだけが壺《つぼ》や箱の中に入ってきた。そういう違いがあります。

これは物を主体にするか、あるいは霊を主体にするかということです。ギリシャ人は神というものを彫刻に表わした。インド人もあまりものにこだわらない人種で、仏を仏足石で表現しました。仏さんの足跡さえ描いておけば、その上に目に見えない仏さんが立っていると思ったのです。ところがこういうギリシャ的な考え方がだんだん入ってきますと、仏像を造るようになった。日本人もそういうものが入ってきますと神像を造りました。

そういうことで、イシヅチ、石の中に入っている霊が非常な力を持っている。願い事をすれば叶えてくれる。あるいは悪いことがあれば罰することもありましょうが、とにかく目に見えない霊が力を持っていると考えたのです。

石鎚山は弥山《みせん》と天狗岳が頂上にありますが、ほとんど木一本生えない大巌峰です。したがってその石に霊が籠《こも》っていると考えたのです。石鎚は楽に登れます。成就《じょうじゅ》社までは、いまロープウェイがあります。それから四時間ぐらいで登れます。下りは三時間もみておけばいい。最初は夜明《よあかし》峠まで下る一方で、それから登ることになります。それがたいへん急で「鎖禅定《くさりぜんじょう》」といい、鎖をたぐりながら登っていきます。地図に禅師森《ぜんじのもり》というのが出ています。いまは前社ケ森といっていますが、神社になってからいろいろ名前が変わった。そのもとは禅定森《ぜんじょうのもり》であったかもしれません。山の中で水を浴びたり坐《すわ》ったり、独りで修行することを禅定と申しますから。そこで山伏が独りで行をする森であるというふうに考えられますが、そこに最初の行場があります。

石鎚山の鎖禅定

登りの話になりましたが、「試みの鎖」という試験をする鎖があります。どこでも山伏の入峰に際して、ほんとうにこの山伏は最後まで行が続けられるかどうかを最初に試験をします。吹越宿《ふきごしのしゅく》はそういう試験をする場所です。

そこでいろいろの試験をするのですが、「十界修行」をする他の霊山ももちろんありますが、ここでは鎖を登らせてみる。最初の表の鎖が斜面にあります。表の鎖が四〇メートルで裏の鎖が二〇メートルです。裏は高く登っているので半分で下れますから、いまはたいしたことはありません。昔はおそらく罪があるものはいけないと脅かされていたので、思い当たる人々は途中で足がすくんだと思います。そういうことで、ここは最初は何遍も登ったり、下ったりさせてみたといっています。これなら少し大丈夫だというのがわかりますと、その次に行くわけです。そして一の鎖というところから始まりますが、夜明峠というところで、ふつうは夜を明かして「御来光」を仰ぐために登ります。一の鎖が十七尋《ひろ》といいますから二五メートル余りでしょうか。その次の二の鎖が三十尋といいますからそれの約倍です。四五メートルぐらいでしょうか。いちばん最後の三の鎖が七十尋といいますから、またその倍になります。

そういうところを通って七十尋を上へあがりますと、上がった途端に神様がある。それが弥山で、一九七四メートルです。天狗岳は少し高く一九八二メートルです。一九八二メートルでも、じつは西日本ではいちばん高い山です。ここには、ほんとうの石の鎚をこしらえて上げてあります。それから石の鎚や木の槌を造って上げるという信仰もできています。しかしこの神様は、べつに鎖と関係がない石の霊です。

成就社と山籠り

石鎚山が最初に文書の中に現われるのは、『日本霊異記』の寂仙《じゃくせん》という人の伝ですので、奈良時代にはすでに知られていた。しかも彼は天平宝字二（七五八）年に亡くなったことがはっきりしています。

山に入って苦行するのを「浄行《じょうぎょう》」といいますが、苦行することによって罪と穢《けが》れが滅びますから、清らかになる。浄化される行ということで、浄行といいます。そういう苦行する人を「禅師《ぜんじ》」といい、「浄行禅師」とよびます。浄行人だけが山に登ることができて、山上に居住すると書いています。居住とはおそらく成就社に居住することだと思います。山頂は修行に登るところであって、常住するところではない。頂上は常住できません。まったくの吹きさらしで、とても住めるようなところではありません。

どういう山でもそういう中社に当たるところは山伏が常住するわけで、そういう成就社のことを「山籠《さんろう》」といいます。

高野山のような山でも、もとは山頂に住まなかったのです。いまは大勢住んでいますが、平安時代には、冬になると山麓に下ったものです。そこで冬を過ごして、春になると正御影供《しょうみえいぐ》という三月二十一日から登り出すのです。高野山で山籠りで住むようになったのは、土室《つちむろ》というマントルピースが発明されたからです。祈親上人《きしん》という、高野山を中興した人がこれを発明してから、はじめて冬に高野山に人が住むようになったといわれています。高野山に行くと東室院とか西室院とか、室という字のついたお寺があるのはその意味です。

そういうことで、山に住めなかったが、成就社のところにやっと住んだ。成就社は一四五〇メートルの高さです。かなり寒いです。高野山が約九〇〇メートルのところで、町のあるところが八五八メートルぐらいです。たしかにそこに浄行人だけが住んでいたのです。

寂仙菩薩

聖武天皇あるいは孝謙天皇の御代に、寂仙菩薩《ぼさつ》といわれる人が成就社に住んでいた。世の中の坊さんも俗人も、彼の浄行を尊ぶがゆえに「菩薩」と美称したという。『寧楽《なら》遺文』の金石文篇を見れば、いくらでも菩薩を見つけることができますが、菩薩というのは聖《ひじり》の異名です。だから菩薩といったら、むしろ妻帯していると考えたほうがいい。菩薩というのはふつうの人間、悟りを求める人間です。ボーディというのは悟ることです。菩薩の薩のサットバというのは存在するもの、という意味ですから。悟りを求めるところの人間です。悟ってしまったらこれはブッダというものになります。悟らないでまだ人間の状態にあるものが菩薩です。行基《ぎょうき》菩薩も妻帯していたかもしれないと思われる話がやはりあります。

そういう人たちは死ぬときにいろいろ言い遺しています。いまなら生ぐさい遺言ですが、昔は自分が死んだのちに生まれかわってこういうことをしたいと言い遺します。それは「録文《ろくぶん》」といいます。その録文をとどめて弟子に授けた。

伝説として灼然《しやくねん》（＝寂仙）とその弟子の上仙という二人の人として出てくる。上仙は山頂に住んでいて苦修錬行《くじゆれんぎよう》した（『文徳実録』嘉祥《かしよう》三〈八五〇〉年五月条）。おそらく成就の中社に住んでいて、山頂へ登っては行をする。また下りてきて成就社で生活をし、また登って行をしたと思います。役行者《えんのぎようじや》と同じように諸鬼神等を駆使する。そしてその寂仙は、自分が死んだら天皇の子に生まれたいと思っている。

「彼に告げていわく、わが命終《みようじゆう》よりのち、二十八年を経るの間国王の子に生まれん。名づけて神野《かんの》となす。ここを以てまさに知るべし。われは寂仙なり」

神野親王という国王の子があったら、それはわたしの生まれかわりだという。神野郡というところに寂仙がおったものですから、それでこの話は神野郡の石鎚山で行をした寂仙の生まれかわりが神野天皇である、というふうになったのです。神野郡というのは、神野天皇がおったので畏《おそ》れ多いというので新居郡という名前に変えた。これが新居浜という名前の起こってくる因です。神野郡から新居郡に変わった。

いずれにしても、石鎚山はすでに奈良時代から知られた山であった。ところが寂仙の名前は『石鉄山前神寺縁起《まえがみ》』では、石仙《せきせん》という名前になって、それから『石鉄山正法寺《しようぼうじ》縁起』では常仙という名前になっている。それぞれ名前が変わっている。伝説はこういうふうに変わってくるものです。

本来の石鎚山

それから石鎚山というところは、もとは少し違っていたといわれます。地図を見ると石鎚山の頂上、北のほうに石鎚神社成就社があります。それからロープウェイで下っていきますと、西之川というところです。現在、西之川口というロープウェイの乗場になりますが、それの右のほうに一八九七メートルの瓶《かめ》ヶ森という山があります。ここが一つの石鎚山信仰の前身であるといわれております。

それからもう一つは、石鎚山から真っ直ぐに北へ上がった横峰《よこみね》寺です。これがもう一つの中心であって、そこに法安寺というお寺の跡が現在ある。その横峰寺の左のほうに三叉《さんさ》路《ろ》があります。これが星ヶ森というところです。星ヶ森は石鎚山の弥山と天狗岳が一直線に見えるという場所です。ここが中社に対する下社であった。それがもう一つ下へ下がって、現在の石鎚山という駅の下に石鎚神社口ノ宮と前神寺というのがありますが、のちにはここへ下がったのです。

この法安寺からは飛鳥、白鳳と平安時代の瓦が出ます。この石鎚信仰というのはじつに飛鳥時代まで遡《さかのぼ》り得る。山岳信仰としてこんなに古くまで遡り得るのは珍しいことです。

こういうことから見て、『日本霊異記』にこういう伝がでてくる理由は、もうすでにかなりの山岳信仰の中心があったからです。そして都にまでここの寺の縁起が知られて、それが説話となって『日本霊異記』にとられた。それがだんだんと訛りながらまた『文徳実録』嘉祥三（八五〇）年五月条にも入っていって、嵯峨天皇は寂仙の生《なま》まれかわりという話ができたのだろうと思います。

これが空海以前の石鎚山の姿ですが、そういう場所ですから空海が青年時代にここへ登った。これは歴史事実と考えていいと思われます。空海の自叙伝『三教指帰《さんごうしいき》』の下巻にははっきり出ています。もちろん、この文章はのちに『御遺告《ごゆいごう》』にも出ていますが、『御遺告』のほうはむしろ『三教指帰』をとって作ったものです。

空海が山岳修行をしたのは、虚空蔵求聞持法《こくうぞうぐもんじほう》という記憶をよくする法を大学生らしい茶目っ気で始めたことに、その動機があったのです。だれかわかりませんが、放浪の山伏といったものに出会って話したら、大学生なら一つ記憶をよくしたらいいだろう、と虚空蔵求聞持法の話をした。

だいたい、虚空蔵求聞持法というのは、れっきとした坊さんはあまりやらない。雑密《ぞうみつ》といい、程度の低い仏教だといっていた。祈禱師《きとうし》のやるようなことになっていたのです。ところが空海はそれをやった。そういうところに私は空海の偉さもあると思います。おっちょこちょいのところもあったでしょうが、しかしそれが日本の密教を開いていったのです。

『三教指帰』によれば、その虚空蔵求聞持法の教説に説いているには、「もし人、法によってこの真言一百万遍を誦すれば、すなわち一切の教法の文義暗記《もんぎ》することを得。ここに大聖の誠言《じょうごん》を信じ」、すなわち仏の言葉を信じて修行に出た、というのです。「飛谽《ひえん》を鑽燧《さんすい》に望み、阿国（阿波国）の大瀧嶽《だいりゅう》に躋《のぼ》り攀《よ》じ、土州（土佐）の室戸崎《むろとのさき》に勤念《ごんねん》す。谷響《ひびき》を惜まず、明星来影す」とあります。

山伏修行と「火」

「大瀧嶽」は、いま瀧ではなくて龍の字になっておりまして、大龍寺山《だいりゅうじ》と申します。あとで申しますように、大龍寺山のほうは「龍灯伝説」で非常に有名なところです。

龍灯というのは、海の中から龍宮の龍王がこの山に火を献ずるというもので、お盆の十五日と大晦日《おおみそか》の日には海からずっと灯《とぼ》し火が上がってきて、この「龍灯杉」にかかるのだと。その「龍灯杉」というのは、ここの伝では豊臣秀吉のころまであったけれども、秀吉が方広寺大仏を造るときに――方広寺大仏は奈良の大仏より大きなものを造ろうとしたわけですから――その棟木のために伐られたということをいっているわけです。よほど大きな杉の木があったとみえまして、そこへ灯が上がるのだという伝説がある。

これも山伏の修行するところに「火の問題」があるのですが、室戸岬のほうも火の信仰です。そこで「飛谽を鑽燧に望む」という言葉は、従来解釈できない言葉になっていたのです。火をつけるためには火打石を忙しく叩《たた》いたり、擦り合わせたりしなければいけない。例えとしまして、そのように火を鑽《き》り出すのに一生懸命になるように、勉強を一生懸命したのだ。こういうのが従来の解釈だったのですが、それは、そういうところで求聞持法を行ずるときには、自分の持っていた山伏の火打石で聖なる火を焚《た》いて、その火を焚きながら虚空蔵求聞持法というものを行なった。私はそういう解釈をしておるんですが——前にもそういうことを書きましたのですけれども——、それで虚空蔵求聞持法のところには火がある。焚き継ぐ「不滅の火」がある。

宮島弥山の霊火堂（広島県宮島町〈現、廿日市市〉）

それが現在遺《のこ》っているのは、やはり弘法大師が虚空蔵求聞持法を行なったといわれる安芸の宮島の山上、弥山の霊火堂の「消えずの火」という、弥山七不思議の一つですね、ここではいまだに焚き続けているのです。もとは虚空蔵求聞持堂の中にあったものです。厳島神社だけで帰ってしまったのでは、厳島を見たことになりません。だいたい、ロープウェイの往復券を買ってはいけません。片道券で登り、それから右のほうへずっと三〇〇メートルか四〇〇メートル歩いたら弥山頂上です。水精寺《すいしょう》跡というのに出ます。そこからの眺めがずっといいのです。平宗盛の寄進した水精寺の鐘もそのまま遺っております。ここはおそらく、本尊が仏像の形をした水晶でできた寺だろうと思いますが、そこにはいろいろの不思議があります。

その不思議の一つに虚空蔵求聞持堂、もとは求聞持堂の外陣《げじん》に当たるところが土間で、前に日光のところで申しましたように、その土間で火を焚いていたのです。ずうっと火を焚いていた。ところが、少し横着をすると火が消えてしまうこともあるし、またお堂を焼いてしまうこともある。浄火堂といわれたり、あるいは常火堂ともいわれるものは、よく焼けます。焼けても焼けても、造り直しては焚いてきたものだと思いますけれども、これも昭和の初めごろに焼けてから、外へ出してしまいました。いまでは霊火堂といって、虚空蔵求聞持堂と三鬼《さんき》大権現とともに前のところに移ってしまっています。以前(昭和四十八年)私が監修しました「修験道展」のときには、霊火堂とお堂を除いて中の装置を全部持ってきて、大きな用具まで陳列をしました。いつもいうように原爆広場(平和記念公園)の「平和の灯」の元火になった火です。虚空蔵求聞持法を修することがすなわち聖なる火を守ることであるという信仰を類推させるものなので、だから室戸岬でも、虚空蔵求聞持法を行なう。

そして「或るときは金巌に登り」といっているのは、昔から金《かね》の御岳と割註がしてあり、吉野の金峯山のことですね。「金の御岳に登り雪に逢うて坎壈《かんらん》たり」、雪に逢ってたいへん困った。「或るときは石峰に跨《また》がり」、この石峰は石鎚山と、昔から註してありまして、「以《もつ》て粮《かて》を絶って轗軻《かんか》たり」、食べ物がなくなってこれにも困った。「或るときは雲童《うんとう》の娘をみて心たゆんで思いをつけ」、弘法大師もまだ血の気の多いときですから、十八歳から二十四歳までの間はこういう山岳修行をしたときです。ですから雲童の娘というのは、雲が、積乱雲の形が娘の姿に見えた。そうしたら心がたゆんで娘に思いをつけた、つまり忘れられなくなった、というふうなことを書いているのです。案外、弘法大師は正直なことを書いているのです。「或るときは滸倍《こべ》の尼を見て意《こころ》を策《はげ》まして厭《いと》ひ離る」、滸倍の尼というのはこれが昔から難物で、いろいろの仏典とかなんとか考証したものがたくさんあります。弘法大師の書いたものですから、註釈や解釈がいろいろ出ているのですが、前に私が書いたものでは、滸倍というのは修羅のことをいうんだという説もありますけれども、これは滸《こ》、小さい川のことですね。水の流れを滸というのです。倍というのはこういう字に書いていますけれど、辺という意で、水辺に洗濯でもしている尼さんを見て心を惹《ひ》かれて、心を励まして、こんなことではいけないといってそこを離れる、というふうな弘法大師の若いころの修行のいろいろの障碍《しょうがい》についても書いたものだと思います。そういう場所として石峰とか金巌ということを挙げているのです。

空海が石鎚山で修行したということは間違いない。そこで求聞持法を修したと考えられますことは、星ヶ森峠——先ほど申しました石鎚遥拝所になっておりますが——、石鎚の鐘の鳥居のあるところで、星ヶ森というところ、やはり星というのは求聞持法を行なう場所につく名前です。「明《あけ》の明星」というのは虚空蔵菩薩の一つのシンボルなのです。そうすると虚空蔵求聞持法がほんとうに真面目に行なわれて、いっさいの教法文義を暗記することのできる能力を得たときには、その証明として明星が自分の前に天降ってくるというふうにいわれております。星というものの場合には、虚空蔵菩薩かもしくは北斗七星の信仰かどちらかになりますが、ただ星というときには虚空蔵菩薩といったらいいと思います。鉱山を探す人は、星の落ちる方向に鉱山がある。星下りの方向というのは、鉱山を探すときの一つの目印にするそうですけれども、この北斗七星にも火をあげる信仰がありまして、明星ばかりとはいえないのですが、北斗七星に火をあげる権利があるのは天皇だけだったんですね。もとは平安時代までは、北極星というのは天皇にたとえるものでした。したがって、それに火をあげるのは、天皇行事としての「御灯行事」というのがあったのですが、それの星ではなくて、こういう場合には、星ヶ森は虚空蔵菩薩を祀《まつ》った求聞持法をした森と考えていいと思います。

三体山権現

どうしてここは蔵王《ざおう》権現が本尊になったかというと、「役行者《えんのぎようじや》伝説」があるからですが、本来は大峯信仰と石鎚信仰と彦山信仰とは一連のものである。一時、大峯信仰が日本全国の修験道信仰の中心になった時代が想定されることは、どこでも熊野を祀るなり、蔵王権現を祀るということが一般的である、あるいは役行者を祀ることも一つの大峯、葛城《かつらぎ》の信仰をそこに移したから「役行者伝説」ができるのであって、石鎚の場合にも蔵王権現を祀り、役行者を祀ることは、大峯・熊野の信仰を移したということになるわけです。

大峯信仰が移ってくるそのもう一つのもとには、弘法大師が大峯信仰をしながら石鎚を開いたことに関係がありますが、そういうことで山頂には、もとは一メートルの高さの三体の蔵王権現があったといわれています。しかし、のちに山頂に祀るものは雪とか雨とかにより非常に傷むので、金仏になります。その山頂にあった金仏が神仏分離と同時に、愛媛県庁へ持っていかれ、前神寺《まえがみ》に渡り、現在は前神寺の蔵王堂に祀ってあります。三体の蔵王権現です。

昔は七月一日から十日まであった。これは山開きの期間です。現在（昭和五十四年）はそれが一と月遅れて八月一日から八月十日までが「お山開き」「石鎚大祭」というのですが、このときだけこの蔵王権現を山頂へ上げるはずだった。ところが、いろいろの理由から奥前神寺といった成就社までも登れないので、その下のところにある小さな祠《ほこら》で祈る。

蔵王権現は、もう一つ前は瓶《かめ》ケ森というところに祀られたといわれています。しかしこれも奥天海《てんがい》（天河）寺であって、麓《ふもと》にも天海（天河）寺というのがあるのです。これは瓶ヶ森系統の石鎚信仰です。現在の石鎚信仰の常住はいまの成就社である。

そして、また中世から近世にかけて生ぐさい話ですが、前神寺と横峰寺とが別当を争い、長い訴訟をしました。ですから前神寺のほうが現在では蔵王権現を持っていますが、信者は二分されているので、仏教関係のほうの信者の統一もまだできていない。こっちのほうも石鎚権現といって三体山権現を祀っています。

それから中社のほうには、役行者が掘った池というのがあります。成就社の横に八郎兵衛という、役行者をおんぶして登った人の子孫だという人の営んでいる宿坊がある。役行者もここへくると力がさっぱり出なかったとみえ、背負われて登ったという伝説になっています。

しかし、登ってみたところが、鎚ならいいのですが、斧《おの》を砥《と》ぐ老翁であった、ということから斧をあげるというのが、やがて鎚を上げることに変わったようです。斧も山伏の斧、単なる木樵《きこり》の斧ではない。山伏の斧は神秘的な力を持っている。山伏の行列なら、いつも斧を先頭に立てて歩きます。斧を先頭にすることは、大先達がそれを担ぐことになっていますから、山伏の露払いをする。山伏の行列にあだをなす悪魔を追い払う力を斧に認めており、そのことが山の神の持ち物は斧であるということで、金太郎の斧になってくるのです。そういうところから山の神が斧を持って現われたのを、斧が役行者にこの山を開けといったという話に変わってきたのだと思います。

大般若経の伝承

石鎚山について書いてある文献は『長寛勘文《ちょうかんかんもん》』です。前に熊野のところで『熊野権現御垂迹《すいじゃく》縁起』の中に熊野の神様が水晶の形で中国から渡ってきたが、彦山にしばらくとどまってから石鎚山に飛んだ。石鎚山から淡路の諭鶴羽《ゆづるは》へ飛び、諭鶴羽から紀州の切部《きりべ》へ飛び、切部から新宮へ飛んで新宮から本宮へ行った、と書かれている話を紹介しました。

こういうふうな話になっているのは、一つは、同一の信仰が存在したということ、しかもそれは平安時代の中頃である、ということです。平安末期の『長寛勘文』には、熊野の神様の移動としてそれが語られました。そうすると熊野の信仰が逆に彦山までずっと貫いていたことを示すものだと思います。彦山と熊野と石鎚とは同体であるというような考え方が、かつてあったものと思います。そういう点で山の独立よりは山の連繫《れんけい》ということが、昔はいろいろの縁起をつくっておったようです。

それから石鎚が平安時代に一般の人の信仰対象になったことは、『梁塵秘抄《りょうじんひしょう》』が示しています。山岳修行する聖はどこにいるだろうかということは、「聖の住所はどこどこぞ、大峯、葛城、石の鎚、箕面《みのお》よ、勝尾よ、播磨《はりま》の書写の山、南は熊野の那智新宮」。こういういわば流行歌《はやり》によって信仰が伝播《でんぱ》していったのは明らかだと思います。そういう具合に石鎚山はみんなに知られたと思います。箕面も勝尾寺も書写山も、みな修験の一つの痕跡を遺しておるところです。石鎚とか彦山とか、大峯、葛城とかいうところよりも、修験の古い伝統は小さい山のほうに遺っている、とわれわれは考えております。石鎚山が非常に古いということの一つの証拠として、石鎚社に天平写経の大般若経が揃っていた。奥書があるので、天平のころからすでに大般若経を持っていたことがわかります。

大般若経というのは最初に六百巻写されるのですが、なかなか一か所にいつまでもあるというわけにいかない。図書館の本でも欠本ができたりしますから。とくに大般若経は修験が非常に重んずるお経で、そのために大般若経の守護神としての十六善神とか、深沙《じんじゃ》大王が拝まれるのですが、いま薬師寺経とかいいますが、大般若経の古いものは、もともと山岳寺院にあったものが多いわけです。

ところが、この大般若経は昔は非常にマジカルな力があると思われていて、病人が借出しをする。「貸出し大般若」と私は名づけていますが、ほうぼうの大般若の伝承をみていくと、病人があると大般若を借りていった。そして頭痛がすると頭へ載せておく。胸の悪いものは胸に載せておく。脚気《かっけ》のものは足に載せたのかもしれませんが、そういうふうにして悪いところにそれを置くと病気が治るという信仰があって、そのために紛失するのです。

それからもう一つは「村巡り大般若」と私は名づけていますが、大般若経が鉄眼版でいまみたいに一般に普及しないときには全部写したものです。一部、南都版といって、奈良で出版された大般若経もありますが、これも非常に貴重なものだったでしょう。書写版なり、南都版なりは、需要があると村から村へ大般若経を読みながら巡業して、祈禱《きとう》して歩いた。そのために担ぐ人があり、いまでも村中、大般若経を担いで歩く行事は全国にけっして少なくありません。そして「般若の風」といって、家の戸口で大般若経をパラパラとめくってもらいます。「般若の風を入れる」といいます。家の中に般若の風が入ると疫病が入らない、あるいは夏病《なつや》みをしないとか、いろいろの信仰があります。また大般若経を担いでいる箱の下をくぐらせてもらう、といった村巡りをするわけです。

河内の知識寺の大般若経というのは、奥書によると、ところどころで失くなったものを写すので、写した場所をずっと辿《たど》っていくと、現在（昭和五十四年）では高野山の奥の花園村（現・かつらぎ町）というところまで入っていっている。これなんかは河内から和泉をぐるぐる巡り、紀州へ行って、加太《かだ》のあたりから海南あたりまでいった痕跡があります。それからいつの間にやら、和歌山市加太のあたりの大きなお寺の鐘とともに高野山の奥の花園村へ入っていった。

そういうように、巡って歩く間に紛失する。紛失すれば、六百巻揃っていないと効き目がないと思うのか、あとで写す。あるいは、たまたまよその大般若経が入り込んでいるところもあります。

そういうことで、天平のものは六百巻揃っていたものが、のちになってだんだんと補写補巻され、現在は香川県大川郡大内町水主《みずし》(現・東かがわ市)の水主神社のものになっています。

霊場のミニチュア版

大内町水主もたいへんおもしろいところで、村の中に熊野三山がある。「水主の新宮風呂」というのはたいへん有名です。昔は風呂はめったにないので、「湯聖《ゆひじり》」というものが風呂を焚《た》いて、そこへ湯治にみんなが行く習慣のあったところが水主の風呂ですが、同時にこの村の中にミニチュア版の「熊野三山」、新宮、本宮、那智というのがあり、それを一日で巡るという行事がある。これも修験道の一つの謎ですが、『平家物語』の中に、鬼《き》界島《かいがしま》に流された藤原成経、平康頼、俊寛の三人が、島の中に熊野三山をつくって毎日そこへお詣りした。ところが俊寛だけは、そんなばかばかしいことはしないといって軽蔑《けいべつ》していたら、康頼と成経の二人だけが赦《ゆる》されて、俊寛は赦されなかった。これは『平家物語』に書いてある有名な話です。

霊場というものがあると、ミニチュア版をつくるようになるわけです。富士山のところで述べましたように、高さ二、三メートルぐらいの土を積んで、それを「富士山」として、その富士山を踏んで下りたら富士山を登ったことになる。あるいは村の中に八十八か所を移します。いや村の中どころではない、一つのお寺の中にある「お砂踏み」というのは、せいぜい一〇メートルぐらいの距離に八十八か所のお砂を少しずつ、頭陀袋《ずだぶくろ》に入れて持ってきたのをパラパラッと撒いて、その上を歩いたら八十八か所を回ったことになる。まあ信仰の簡略化といいましょうか、だんだんと人間が横着になってきた。

しかし、インスタント版になるとべつに効かなくたって諦めがつきますから、だんだんインスタントになりますと信仰も希薄になる。しかし、それでも全然なくなるよりはまましだと思います。また全然なくならないところが、またいいところだと思うのです。やはり踏んでみたり、登ってみたりしないと気がすまないところも、まだ人間が宗教的人間である証拠の尾骶骨《びていこつ》みたいなものかもしれません。そういうことで非常に古い大般若経があるということは、石鎚が非常に古かったことの証拠になる。

それから天禄二（九七一）年の銘のある阿弥陀如来の毛彫りの銅板がありますが、これも十世紀のものでたいへんに古いものである。あるいは横峰寺の大日如来の坐像は平安末期のものであり、それから「御正体《みしょうたい》」という、これも平安末期の蔵王権現の懸仏《かけぼとけ》がありま す。

こういうふうに見ていくと、やはり四国は修験道の中心として、弘法大師以来ずっと続いてきたことがわかります。弘法大師どころではない。とにかく飛鳥《あすか》時代の寺跡まであるのですから、非常に古い信仰であるということがわかります。

石鉄山《いしづちさん》三十六王子では「覗《のぞ》き」というものが割合に多い。登る土地に断崖がありますと、かならず覗きという、「業秤《ごうのはかり》」という罪の重いものを断崖から覗かして、その罪を量ることがありますが、それが非常に多い。細野の覗きというのがあり、それから裏行場も覗きがあります。弥山頂上の何十メートルの断崖の上から下を覗く行もあります。

最御崎寺

室戸岬ですが、大山修験のところで聖なる火を焚く「海の修験」についてふれましたが(第七講)、山伏は山に登るだけではなくて、海岸の山とか洞窟《どうくつ》とか岬とかがあると、そういうところは浮世から隔絶された一つの隠遁《いんとん》の場所になるので、そこに籠《こも》る。そしてそういうところに窟《いわや》がありましたら、窟の中で火を焚いて、その火を焚き継ぐ。そういう海の見えるところは、多くは千手観音の霊場になります。山の中には十一面観音が多いのですが、海の見えるところは千手観音が多い。

千手観音はどうして海岸に多いかというと、千手観音の像というものは、紀伊熊野の那智もそうですが、これを船に立てて、そして「補陀落渡海《ふだらくとかい》」したという話があるところを見ても、一種の帆をかけたみたいになる。奈良の唐招提寺《とうしょうだいじ》金堂の千手観音もそうですが、千本の手がずっと出ていますと、帆を拡げているみたいになります。「弘誓《ぐぜい》の船」といって、観音は迷いのこちらの岸(此岸)から悟りの向こうの岸(彼岸)へ船で渡してやる。

そういうときに千手観音は帆をかけているみたいな格好になるので、船を導くのにいい仏さんのような感じがする。したがって日本の仏像のことでいちばん古い記録が出てくる『常陸《ひたち》国風土記』に、海岸に観音の像を彫りつけたというのがありますが、あれなども漁民救済の千手観音ではなかったかと思います。

海岸に面したところには、そういう千手観音を拝む聖というのがたいへん多くて、そういうところで火を焚いているのが一種の灯台になった。室戸岬に行くと、室戸の灯台のすぐ上に最御崎寺《ほつみさきじ》（東寺《ひがしでら》）というのがある。どうして最御崎寺と書いてホツミサキジと読むかというと、これは島根県美保関《みほのせき》のホと同じことで、火の岬です。ホというのは先端という意味でありますが、同時に火という言葉です。御崎寺だけでいいわけで、岬とお寺だったらホをつける必要がない。それがのちに火ということがわからなくなると、一番の岬という意味で最という字をつけたのだと思います。火《ほ》つ岬と考えることがいいと思います。

もう一つ、室戸岬に修験の痕跡《こんせき》があるのは、金剛頂寺（西寺）のほうで、どちらもいまでは室戸市に入っていますし、また室戸の町のちょうど上ぐらいにこの西寺はありますが、東寺と西寺の間はちょうど一里ぐらい離れておりましょうか。その西寺のある岬を行当岬《ぎょうどう》といいます。行当岬の下の漁村は行道《ぎょうどう》といいます。そうするとこの行当岬は行道岬にならなければいけない。山伏の行には行道岩を回る行道というのがありますが、行道岩があるから行道岬である。それが訛《なま》って行当岬になったのだと思います。ぐるぐる巡ることを

「行道」というのですが、そういうことからいっても、ここはやはり修験の行場でした。

ところが、この最御崎寺には弘法大師修行の窟《いわや》というのがある。たしか蟷螂窟《とうろうのいわや》といったと思います。この窟はほんとうに中が真っ黒で、やはり火を焚いた跡があり、煤《すす》けています。そしてその外には、もちろん護摩壇岩というのがありますから、天気のいいときには太平洋の波の打ち寄せる大きな護摩壇岩で火を焚いたでしょうし、雨の降るときには洞穴で焚いたでしょう。あの窟はたしか東のほうを向いていますから、南のほうを航海する船からは見えなかったと思いますが、とにかく火が見えることによって、あそこには危い磯がある、室戸岬の断崖があるという、通る船の目印になったと思います。

それから、弘法大師の弟子智弘上人のだと称するのですが、とてもそんな古いものではなくて、室町期ぐらいと思われる入定塚があります。いずれも山伏の修行の跡と考えられるものです。最御崎寺といい、弘法大師修行の窟といい、護摩壇岩といい、ここで弘法大師が求聞持法の修行をしたことにともなう火の信仰があって、「海の修験」としての一つの聖地であったことがわかると思います。

したがって、ここから漕ぎ出して「補陀落渡海」した人の話もあります。室戸の津から補陀楽渡海した賀東上人の話が、『発心集』という平安末期の説話集の中に出てきます。ちょうど熊野那智もそういう場所で、その焚いた不滅の火の跡が妙法山の上の護摩壇だと思います。あの護摩壇は「火定《かじょう》の跡」といっておりますけれども、実際は「不滅の火」を焚いた跡だろうと思います。いまは林の中になってしまいましたから、火を焚いても外からは見えませんが。

龍灯伝説

それで龍灯あるいは光りものという問題です。龍灯の場合は、龍神が聖地に火を献ずる。海岸に修験の山があると、「龍灯伝説」はかならずついているものですが、これも二つの解釈があると思います。

一つは、海は他界ですから、龍宮とか常世《とこよ》とかいうところと陸地との間を霊が去来する。だから龍宮とおぼしきところから、一つ二つの火ではない、たくさんの火が入ってくるというのが龍灯伝説です。無数に火が上がっていって、そして霊場の本堂の中に入っていくという「龍灯伝説」ができています。常世なり、あるいは龍宮なりといわれる、死者の霊のいく他界から霊が帰ってくる。

それからもう一つは、そういうところで焚いている修験の火が龍神の献じた火であるという信仰になり、そして龍神の献じた火であるから、お盆と大晦日《おおみそか》にはその火が上がってくるのが見えるということになる。

いろいろ龍灯伝説は、中世以来書かれたものがあり、とくに近世になると多くの記録・文献に書かれております。徳川光圀《みつくに》の文集の中にも、わざわざ福島県と茨城県の境にあるいわき市の閼伽井《あかい》嶽に龍灯を見に行った詩文があります。それでほんとうに龍灯が上がったように書いています。

もちろん、これはそう信じられているだけのことで、実際、自然現象としては考えられませんから、修験の山で焚《た》く火は龍神の献じたものであるという信仰があって、伝説として龍灯伝説になる。

それからそういう不滅の火を焚くのを麓から見ると、山に「光りもの」があるということになる。

『日本霊異記』の中に出てきますが、聖武天皇が東山に光りものを見た。訪ねていったらほんとうに火を焚いていた。火を焚いていたというよりも、本尊のくるぶしのところから火が出ていたということを書いています。それから金峯《きんぷせん》山とか金華山とかいう「金」という名のつくのも、実際の金属の金ではなくて、「光りもの」のことで、それでもって金の光とか、金色とかいう意味です。金華山にも護摩壇岩があり、そこで火を焚いた痕跡があります。

そういうところから、天狗杉に火がとどまるという話になり、愛宕《あたご》の火の信仰、あるいは鞍馬《くらま》の火の信仰は、山で山伏の焚く不滅の火が、遠くから望み見たときに光りもの、あるいは金と見える。そして信仰的にはそういう山に霊魂が登っていく。そういうのが一つの「光りもの」として見えるという伝説になる、ということに繫《つな》がると思います。

そういうことから修験行事としては、山頂においては大柴灯護摩《さいとうごま》を焚くことがしばしばあり、現在ではお盆の十五日には月山山頂にお いて大柴灯護摩が焚かれる。その火を目印に麓《ふもと》の村々は念仏をして、麓の霊を月山へ送ってやる一つの行事が遺っています。

それから木曾の御嶽《おんたけ》もおそらくそうだったのでしょうが、現在は大己貴神《おおなむちのかみ》という神様のようになってしまっている。本尊はもとは蔵王権現です。しかし、そういう修験の柴灯護摩であったものが、現在は、ご神火《じんか》祭ということで火を焚きます。しかし、これは全国の御嶽信者が一本一本護摩木を献上するものですから、それを山の上へ担ぎ上げるのがめんどくさいので、近頃はヘリコプターでもって運び上げております。

四国のもう一つの問題は、八十八か所ですが、ほとんど全部が修験の信仰のあるところです。そのことの分析も必要で、海の見えるところをめぐることを「辺路《へじ》をめぐる」といいます。これも『梁塵秘抄』に出ております。「海浜の路」という意味です。これが間違って「遍路」になってしまった。「辺路」をめぐることは、だから海岸をめぐることで、「海の修験」の修行の方式が遍路である。それを一般の人々が真似て、実践をするのが四国遍路ということになったのです。そういう意味からも、四国八十八か所を分析していきますと、たいへんおもしろいのです。

第九講　九州の彦山修験道と洞窟信仰

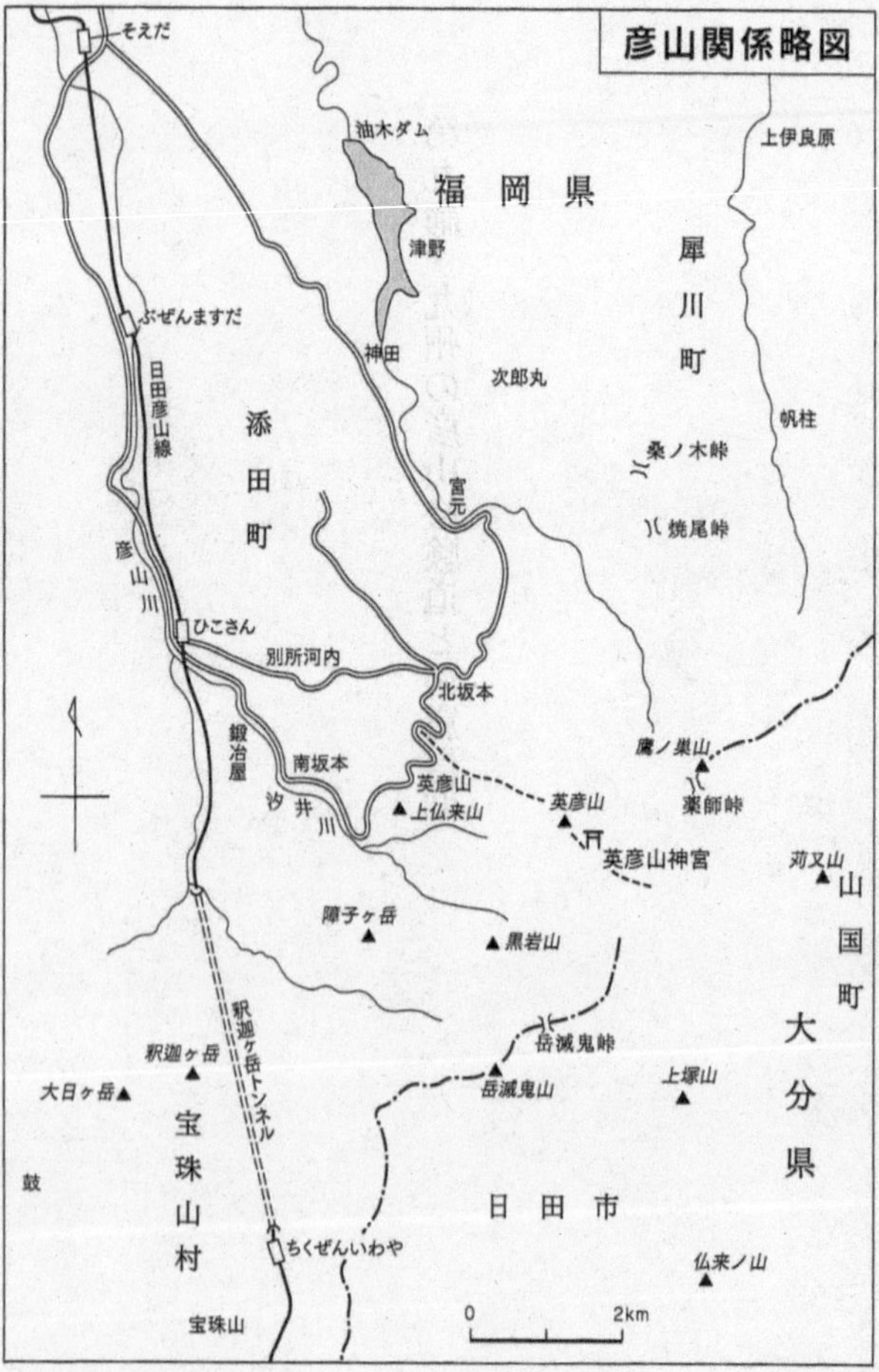

彦山関係略図
そえだ
油木ダム
福岡県
上伊良原
津野
犀川町
ぶぜんますだ
神田
次郎丸
日田彦山線
添田町
帆柱
桑ノ木峠
宮元
焼尾峠
彦山川
ひこさん
別所河内
北坂本
鍛冶屋
南坂本
鷹ノ巣山
英彦山
英彦山
汐井川
上仏来山
薬師峠
英彦山神宮
苅又山
障子ヶ岳
黒岩山
山国町
釈迦ヶ岳トンネル
岳滅鬼峠
大分県
釈迦ヶ岳
岳滅鬼山
上塚山
大日ヶ岳
宝珠山村
鼓
日田市
ちくぜんいわや
仏来ノ山
0
2km
宝珠山

(昭和五十四年現在)

中岳英彦山神宮

彦山駅でおりてバスで登ると、三十分ぐらいで彦山のもとの山伏の坊のあるいちばん上のところに着きます。そこから少し登ると、鳥居があります。そこが現在下社になっています。それから急坂を登ると中岳の英彦山《ひこさん》神宮に着きます。
因《ちな》みに「英彦山」と書いていますが、「ヒコサン」と読みます。歴史的には英という字はないのですが、たしか霊元天皇のときに、神社の名前として英をつけた額をいただいたので、以後は英という字をつけています。

彦山は山頂が三つあります。その英彦山神宮のあるところは中岳といい、一二〇〇メートルの南岳がいちばん高い。中岳からちょっと鞍部《あんぶ》を隔てて北岳があります。だいたい南北に三つの山が並んでいます。

英彦山神宮のある中岳から道を右へ下りると鷹ノ巣《たかす》山があり、少し左のほうへ行ったところに高住《たかす》神社があります。ここに鷹巣窟、もしくは豊前窟《ぶぜんくつ》という窟があり、大きな窟に神社が入っています。

彦山の信仰は、もちろん農耕信仰が非常に強い。それは英彦山神宮にお詣《まい》りする、それから厄除《やくよ》けのほうは高住神社の天狗さんにお詣りをする。豊前坊という天狗は、豊前窟という高住神社の窟の中に祀られています。

だいたいの地理を申しましたが、彦山のいまの山伏の坊がずっと坂に沿って点々と続き、そこへ南坂本から下っていくと、左のほうへきて小石原《こいしわら》というところへ行きます。小石原が彦山山伏の入峰《にゅうぶ》修行のとき、ここで「正灌頂《しょうかんじょう》」という山伏の位をもらう儀式をします。小石原高取焼という焼物の出るところがこのあたりです。それをもっと西へいくと、古処山《こしょ》という山があり、その山を越すと、太宰府《だざいふ》市の北へ出ていきます。

太宰府市の北東には有名な修験の山、宝満山《ほうまん》がある。いま竈門《かまど》神社という神社になって、竈門山ともよばれておりますが、そこまで行くのが一つの「春の峰入り」になります。西へ行くわけです。

しかし「春の峰入り」のほんとうの古い記録からいうと、福岡の町から芦屋町のほうまで回ったのです。非常に大きく、筑前《ちくぜん》の半分ぐらい回ったのではないかと思います。

山伏の祭りというのは、実際は祭りではなくて入峰ですが、そのときにお神輿《みこし》を担いでいくと一つのお祭りになりますから、それは国を挙げてのお祭りになる。同時にそのお神輿が行くところで、お賽銭《さいせん》やお初穂をもらいますから、たいへんな収入になる。それが「春の峰入り」です。

「秋の峰入り」は北のほうへ行きます。彦山から北坂本というところへ下っていき、田川あたりを通り、そして香春《かわら》というところへいきます。

ここを通り、福智山へ入ります。ですから北のほうに向かって一つの勢力圏があった。それから彦山の東のほうに向かっては、鷹ノ巣山のほうからずっと山国町（現・中津市）のところの南の、毛谷《けや》村の六助という所を通って求菩提《くぼて》山へ行きます。現在（昭和五十四年）では豊前市に入りますが、これも彦山の勢力範囲です。いま修験史資料がたくさん出るところで注目されていますが、非常に洞窟の多いところです。それでおそらく窪《くぼ》むというところから求菩提の名前が出たと思いますが、仏教的に菩提を求むというふうにクボテと読ませています。

九州の修験の特色は洞窟信仰です。どこへ行っても九州には洞窟信仰があります。これには大陸の石窟寺院の影響があるだろうと考えていますが、求菩提にも彦山にも窟がありますす。南のほうは宝珠山、東のほうは求菩提山、西のほうは宝満山、北のほうは福智山というふうに、彦山を中心に勢力範囲がある。宝珠山から少し下がると日田《ひた》です。ここのお祭りの「御田祭《おんだ》」は三月十四日です。四月の大祭は修験行事が神道化したものです。四月十四日から十五日が「神幸祭」です。ほんとうは、これは二月の十三、十四、十五日の「松会《まつえ》」というので、十五日に松会の御田祭がすむと入峰しました。宝満山に向けて山伏は入った。十一、十二日は「増慶御供《ごく》」といいますが、現在はありません。文献でいっているだけです。増慶社というのがあったのですが、それもない。こういうものぐらい、いくら神道化しても遺したらいいと思いますが、神仏分離になると前のものをことさら破壊してしまいました。それでも戦後は修験道を再興しようという神主さんが多くなってきている。

それで増慶社のあった跡を最近掘ったのですが、そこから壺《つぼ》がでました。壺は鎌倉時代の壺で、増慶という大先達の霊を祀るものでした。

このときにはしとぎ（粢）という、死んだ人の食べるものを烏に食べさせます。その烏が十一日に食べればたいへんいいのですが、食べなければ十二日に食べてもらう。それでも食べなければ十四日にもういっぺん、その増慶御供をするのです。そういうふうにして烏が御供を食べなければ祭りができない。烏というのはすなわち増慶の霊魂です。

そして十三日がもと御田祭だったのですが、現在（昭和五十四年）は、三月十四日にしています。そして四月の十四日と十五日に彦山の大祭をします。十五日まで神輿は金の鳥居の下まで下りていろいろ行事がありますが、ここから本社へ帰ってしまう。しかし昔は、これから山伏は宝満山に向かって「入峰駈入《かけい》り」といって出発をした。帰るどころか出ていったのですが、現在の神道化したものの前の形を、修験の歴史は掘り起こさなければいけないので、そういう一つの困難さがあります。

開創の伝説

ここの開創の伝説は、『彦山流記《るき》』という鎌倉時代にできた縁起に出ていますが、『豊《ほう》鐘善鳴録《しょうぜんめいろく》』のいろいろのお寺や神社の縁起を集めたものです。豊前・豊後《ぶんご》の鐘がよく鳴るというので「豊鐘善鳴」とつけたのでしょうが、非常に面白いいろいろの伝承が多いので、柳田國男先生はたいへんにこれを愛用した。そのほかに、このあたりの地誌である『太宰管内志』というのが江戸時代にできた。『彦山流記』と『豊鐘善鳴録』によると、北魏《ほくぎ》の善正という坊さんが、継体天皇の二十五年に彦山へきて開いた、という伝承になっている。

それから山の中で、日田のもので藤山恒雄《つねお》という狩人に出会った。

彦山開山善正上人と忍辱上人図（福岡県添田町、英彦山神宮蔵）

藤山恒雄は殺生の身を恥じて入道して、善正の弟子になって忍辱《にんにく》という名前に変えた。この二つの開創伝説が一つになっていると推定しないと、この修験の山の開創伝説は荒唐無稽《こうとうむけい》になってしまう。

もう一つの縁起は『彦山権現垂迹《すいじゃく》縁起抜書』で――『熊野権現御垂迹縁起』によっているが――、これは現在、写本しかないのですが、また変わったところがある。だいぶ似ていますが、『熊野権現御垂迹縁起』では彦山のご祭神は水晶の形になって唐から飛んできたが、この話では五つの剣になってきたと伝えられています。剣を投げたところが、一つは彦山、一つは熊野、一つは日光、一つは羽黒、もう一つは淡路の乙鶴羽《おとつるは》へ落ちたと書いてある。乙鶴羽は『熊野権現御垂迹縁起』では諭鶴羽《ゆづるは》です。

これはこの五つの山の信仰上の同一性を主張する意味があった。もちろんそんな剣が飛んでくるはずはありません。こういう説話のもっている背景には、五つの山の修験信仰は同根だという主張がある、と解釈していいと思います。

それに対して、『熊野権現御垂迹縁起』では彦山と石鎚と諭鶴羽と紀州の切部、それから新宮、本宮が一連の熊野権現の移ったあとであるともいっていて、そういうところも違います。剣というのと、神が移っていったということに違いがあります。八角の水晶の形で、唐から日本に渡ってきたというのはどちらも同じです。この第一の剣である彦山の剣の落ちたところに、四十九個の窟ができた。これが彦山の信仰のいちばん中心になる「洞窟信仰」です。

善正と役行者

善正が彦山へ登ってきて、最初に窟を見つけて寺を建てたところは玉屋窟といいます。いま玉屋神社になっていますが、般若窟ともいう。大般若経を読んだものと思います。そしてここに冷泉寺というお寺を建てた。神仏分離のときには、もちろんこれは取り払われたのですが、最近になってからこれを建てる人も出てきて、神社のほうでは困っているらしいのですが、だんだんと山伏が鷹ノ巣のほうにも進出してきたし、玉屋のほうにも進出してきた。そしてそれが二派に分かれて、この冷泉寺を建て宗教活動をしている。一つのほうは、教祖が女性です。別に建物を建てて新宗教の活動をしています。

最初はこの山は沢から開かれたと考えていいと思います。英彦山神宮への上り道に沿って、たくさんの窟が開かれています。「四十九窟」といいますが、現在のところ山内では四十窟ぐらい指摘できる。そのほかは山外であるといわれています。宝珠山のようなところです。あるいは求菩提山のほうまで含めているらしい。そこから開かれて、しだいに山の信仰に移ったと考えられます。これが中国から渡ってきた坊さんによって開かれたという伝説である。

それからもう一つは、役行者《えんのぎょうじゃ》が再興したといっているのですが、善正の開創と、役行者の開創はおそらく並行していたのではないかと思います。それは『彦山縁起』といわれるものに出ています。『彦山縁起』では大宝元（七〇一）年のことですが、「辛丑の夏、小角《おづぬ》唐に赴かんとす」とあります。役行者はお母さんを捕まえられたので、やむを得ず逮捕されて伊豆に流された。そのうちにお母さんのところへ戻っていこうと思って、大和へ帰った。次第次第に大和へ帰っていった、というふうになっています。「ついに大和へ帰って仙人となりて天に飛ぶ」と奈良時代からいわれており、『彦山縁起』では唐へ渡ったということになっています。

『彦山縁起』のほうでは、役行者はお母さんを背負って彦山へ飛んできた。その日に峰へ登って宝満山と彦山の間を歩いた。ところが宝満山で一つの鈴を拾い、鈴によって表現された宝満権現の心を知って、ついに海浜に下り、草座というわらを編んだ円座に坐り、お母さんを鉄鉢の中に入れて唐へ渡った。そして、「小角、久しく唐土に居り、なお、郷を憶《おも》うの情あり。これによりて崑崙《こんろん》山を出でて」、こんどは中国から日本に飛び帰る。そして「福智山に達し、宝賀《ほうが》原を経て俗体岳に至る」とあります。

俗体岳といっているのは南岳のことです。それから中岳は女体岳で、北岳は法体岳です。修験の山というのは三神三容といい、俗人の形と、女性の形と、坊さんの形の三つでできています。山の神さんは女性ですから女体になり、それを祀《まつ》る狩人は俗体になり、こんどはそれを仏教で祀るようになって修験道が始まると、頭を剃《そ》った坊さんが加わる。これは開祖です。山の神と、それを祀る神主さんと、それを修験道として開いた坊さん、それが全部神格化されて神になるので、峰が三つある。これを三山に分けるわけです。「時に本朝の景雲二年なり、小角、行年七十二の秋なり。この峰の逆入りここに始まる」。「逆の峰入り」というのは秋の峰入りのことです。福智山から宝賀原を経て入峰するのです。

大陸の医術

彦山の場合、どの伝承をとっても仏教公伝の五五二年、もしくは五三八年よりも古くから仏教が入っていると思います。高句麗《こうくり》へ仏教が入ったのは、日本の仏教公伝よりも約百八十年前です。それから百済《くだら》に入ったのが百五十年前、新羅《しらぎ》へ入ったのが百四十年前。一世紀半も朝鮮との間で文化の交流がなかったとはいえない。

私は民間宗教者のレベルでの仏教の受け渡し、あるいは文化の授受はあったものと思います。『日本書紀』には民間のことは出ていないが、船に乗って対馬海峡を渡れば新しい文化がいつもあったので、それはすぐに入ってくる。商人の往来にしても、あるいは宗教者の往来にしても入ってくるので、どうして彦山が医術で知られていたかという疑問も、そこに解くことができると思います。善正は『日本書紀』の用明天皇の二年に出てくる豊《とよ》国《くに》法師と同じではないか、ということが彦山の古来の説ですが、これはそう考えないでいいのではないかと思います。要するに、豊国は豊後から出てきて、用明天皇の病気のときに祈禱《きとう》した人、あるいは病気治療にきた人です。

次の法蓮という人ははっきりと歴史上の人物です。『続日本紀』に二か所ほど出てきます。巻八にある養老五(七二一)年六月三日には、「詔していわく、沙門法蓮は心禅枝に住して、行法梁《ほうりよう》に居れり。尤《もつと》も医術に精《くわ》しくして、民苦を済《すく》い治む。善い哉《かな》、若《かくのごとき》の人、何ぞ褒賞せざらんや。其の僧の三等以上の親に宇《う》佐君《さのきみ》の姓を賜《たま》う」とあり、山中修行のことを禅行といいますが、法蓮は、その禅行でたくさんの弟子たちをもっていた、しかも医術に詳しかったとあります。こういうところから見て、やはり大陸との往来があったために医術、あるいは病気を治すマジックが彦山には栄えたと思われます。しかもそれは中央に知られていて、病気のときに呼ばれる。あるいは医術をもって奉仕して田四十町を賜う、ということが出てくるのだと思います。

熊野の増慶

歴史上のはっきりとした開祖をいうと法蓮になると思いますが、彦山の修験ということからいうと、増慶という人が非常に大事です。すべての行事は増慶を祀ることから始まります。ところがこの人は彦山の第十一代の大先達《せんだつ》といわれたり、別当といわれたりしている。一条天皇の寛弘三(一〇〇六)年の二月十日に死んだと、彦山の記録にあります。

ところが、ちょうど同じころに熊野に増慶という別当がいた。第七代目の別当です。『熊野年代記』によると、康保二（九六五）年に別当をやめたと書いてある。しかも、入峰行事にしても烏の行事にしても、熊野と同じことを行なうので、同一人という説が昔からありますし、そう考えていいと思います。彦山を熊野の勢力下に入れるために、第八代別当を自分の息子に譲り、そして彦山にきて熊野式の修験道を植えつけたという推定が成り立つ。仮にこの人が八十歳で亡くなったとすると、熊野別当を四十歳でやめればいいわけです。四十歳でやめて彦山へきて、彦山の大先達になって、熊野のいろいろの修験道儀礼、修験道信仰を移した。豊国法師の場合も九十歳まで生きたとすれば、用明天皇二年のときの豊国法師は、継体天皇二十五年の善正とつながらないこともないが、増慶の場合は名前が同じですから、そう考えるのが自然だと思います。

「増慶御供《ごく》」、俗に八咫烏神事《たがらすのしんじ》とも名付けられているものがあります。熊野の八咫烏にあたる烏にしとぎ（粢）を食べてもらうという、現在では「八咫烏精進祭」という名前でよんでいる神事です。増慶の霊が現われるという影向石《ようごう》の上にしとぎを上げて、それを烏が啄《ついば》む。もしも烏がしとぎを蹴散らしたら、天下に乱れがある前兆だとも書いてあります。非常に神秘化されたお祭りになったわけです。

三神と十二所

それでご祭神ですが、女体、俗体、法体がここでも揃っており、北岳が伊弉冉尊《いざなみのみこと》で女体権現、南岳が伊弉諾尊《いざなぎのみこと》で俗体権現、中岳が天忍穂耳尊《あめのおしほみみのみこと》で、これは天照大神の子供になりますから、伊弉諾・伊弉冉尊の孫になる。これらはおのおの千手と釈迦と阿弥陀という、これは熊野ですと、那智の女体が千手で、法体の本宮が阿弥陀です。ただ俗体の新宮が熊野のほうでは薬師です。本地仏《ほんじ》が違う。まったく同じということも困ると思って、このぐらいに変えたのではないかと思います。そういう「三神三容」という三つの姿は、熊野と同じではないが、きわめてよく似ている。

それから上宮、中宮、下宮にそれぞれ配すると、数えてみるとわかるように、「十二所」になります。これも熊野十二所権現というのに当たる。熊野も十二所です。熊野の懸仏《かけぼとけ》、あるいは「熊野曼荼羅」を見ると、みな十二柱の神または十二の仏を描いています。ただ那智の場合には、別に飛滝権現というのを一つ置き十三所になるのです。

そこで上宮は中岳と南岳と北岳と智室《ちむろ》と白山宮と大行事。中宮は、いま中宮というのは坂の途中のところにありますが、それと北山殿と、般若窟の冷泉寺のところの玉屋《たまや》。下宮が大南殿と高住宮（これは豊前窟と同じです）と竹台宮《たけだいのみや》というのですが、これがわからない。私もはじめて冷泉寺へ行ったときに、修験道再興の新宗教の教祖さんの婦人から聞いたのですが、彦山では一柱隠してあるという。十二所というけれど、やはりそういう伝承ができていたのかと頭をひねっていましたら、私にだけ話してくれましたが、それは自分の心だという。なるほどこれも一つの教えだなと思いました。竹台宮というのは、あるいはそれかもしれない。十一の柱は表に出ているが、もう一つの柱というのは隠してある。

山内組織

それから山内組織ですが、ここは学頭《がくとう》・座主《ざす》というものがある。これは南北朝以後に、後醍醐天皇の子孫という伝承があったので、有髪の世襲になりました。だいたい、ここでは如法経組といわれるものだけが法華経を修行するので、僧形になるのですが、そのほかはみな俗形です。したがって学頭も俗形であった。羽黒では別当という最高の位になるものが清僧だったのですが、ここは座主まで有髪です。もちろん妻を持って世襲する。これはのちになると、福岡県甘木市（現・朝倉市）の黒川という所に御殿を営み、そこに住むようになり、山内に住まない。お祭りのときだけ出てくる。ずいぶん贅沢《ぜいたく》な座主だったと思います。それが現在の宮司高千穂家です。

それから神事《しんじ》両輪《もろわ》組は、色衆、刀衆という二つの組に分かれていて両輪というのですが、神主階級で山伏でもある。

それに対して宣度《せど》長床《ながとこ》組は純粋の山伏で、妻帯山伏です。法華八講を司るといっています。宣度というのは宣旨、勅宣、天皇の詔によって得度《とくど》するという意味です。どこでそういう権利を獲得したのかはしりませんが、いずれ公卿《くぎょう》に欺《だま》されたのではないかと思います。勅宣をとってやるといわれて、一人ぐらいは宣旨でもって得度した人があったのかもしれませんが、ここで得度するのは全部天皇の意思で宣旨によって得度すると考え、そう伝えました。長床組というのは、拝殿を長床といいますが、お宮でも本殿があると、その前に横に長い拝殿があり、たいてい真ん中のところから通路があるのを「割り拝殿」といって、その両側で宮座が行なわれるところではそこを「長床」という。

神事両輪組はお祭りを司る。ところが宣度長床組は長床までしか行けない。ここで法華経を読んだりして神様を喜ばす。要するに本殿の中のことと外のこととでは分担が違うのです。ふつうはこれは純神主階級になり、こちらは供僧《くそう》といいます。それに当たるのが宣度長床組です。こちらは神主。ですから神主のほうには、経済的な、あるいは政治的な権力は一つもなくて、殿内のことだけ司る。

東京の浅草寺もそうです。浅草寺は内陣に向かって右のほうの部屋でお詣《まい》りをしますが、廊下があって内陣の観音さんのところに屏風《びょうぶ》を立てて坐っている人がおります。これが神主で、現在檜隈《ひのくま》家は三軒になったと聞いております。本来なら、檜隈武成の兄弟が隅田川の浅草沖で網を曳いたら、一寸八分の観音が上がってきたので、二人が祀った。この檜隈家が一寸八分の観音を祀る権利をもっています。この観音の厨子の中の掃除から、お供物から全部この檜隈家がやり、ほかの人は手をつけられない。浅草寺には管長だとか偉い坊さん、大僧正もおりますが、お経を読むだけです。そのかわり檜隈家はたいへんです。とにかく三軒で毎日交替だとしますと、三日にいっぺんあそこに坐らなければいけない。朝から晩まで坐っています。タバコも喫《の》まないで坐っております。昼休みぐらいにはきっといなくなるのかもしれませんが。そういうのもやはり古い。だから両輪組は本殿の中のことを扱う。宣度長床組は山伏として経済的なもの、あるいは信者層の扱いもする。入峰修行するのは宣度長床組の仕事です。

それから如法経組といったら、これは学問することになっている。かつては天台宗に属していました。

松倒し

年中行事には「松会《まつえ》」があり、これはじつは春の峰入りの前行にあたります。春の峰入りをするために柱松以下の行事がある。俗にこれ全部をひっくるめて「松会」といっております。柱松の法会ということで「松会」です。

松会というのは、柱松をするので全体の名前になった。その次第は、まず正月十四日に「松盛祭《まつもり》」というのがあり、このときに松会の役者を選び出します。いろいろな役があるので、そこから始まると言っています。いよいよ入峰《にゆうぶ》するのは旧の二月十五日で、「春峰入峰」です。そこまで行くのに十一、十二、十三、十四、十五日と祭りが続きます。それで二月十一日に「増慶御供」があり、十一日に御供を上げ、上がらなければ十二日に上げる。それで上がらなければ十四日に上げる。

その次に大きな松明《たいまつ》を作ります。柱松というのは、立てて火をつける松明です。それも柱というくらいですから、ここのは四間半（約八メートル）くらいです。もっとも神道になってから、これはなくなりました。

松会にはかならず「延年《えんねん》」があります。峰入りから出てきたときの延年ということを前にいいましたが、峰入りするときにも延年がある。戸隠《とがくし》あたりもそうですが、その延年というのは、私の推定では、柱松を焼くことではなくて、倒すことに意味があったと思います。その柱松を倒す前にいろいろの豊作を祈願する「御田《おんだ》祭」があったり、「延年舞」というびんざさらと鼓を打ちながら踊る神祭があったり、あるいは「風流《ふりゅう》」という仮装した踊りがあったり、上下の身分の山伏の「舞楽」があった。

「長刀《なぎなた》舞」や「斧鉞《ふえつ》舞楽」といって、山伏の舞はかならず両脇からものを打ち合わせます。これは一種の棒術の起こりです。マジックです。物を打ち合わせることが悪魔払いになる。×（バッテン）というのはだいたい悪魔払いの印です。十字架ももともとはそうであるといわれています。悪霊が入らないようにする。悪魔が入らないためにはバッテンとか十字架をする。それを「斧鉞舞楽」といって、斧や鉞《まさかり》でもってするのです。それで「田遊び」もする。田遊びは他の地域の田遊びと同じで、苗代づくりから全部一連の耕作をやります。

その次に「宣度祭」というのがあり、これが宣旨によって得度するという髪上げで、ここで得度するのに頭を髷《まげ》に結ぶのです。よそなら得度は頭を剃《そ》るのですが、ここはむしろ俗人の一種の元服みたいな儀式をするのが宣度祭です。そのときに大先達《せんだつ》の任命式がある。

その次が「諸先達入峰」といい、ここに入峰が二つありますのは、山伏の息子で山伏になったけれども、先達の資格が得られないというときには、「諸先達入峰」の儀式をやり、そして「駈入《かけい》り」といって、実際には峰へ入らないでお籠りをするのです。そうすると先達になりますから、それをしてから二、三年してほんとうの入峰先達になります。だから、ほんとうの先達に率いられて峰へ入るのが「春峰入峰」になります。それが最初いいました彦山から小石原を経て、古《こ》処《しょ》山から冷水峠越えをして宝満山

羽黒修験の「梵天倒し」

に至る金剛界修行である。

先ほど「柱松」は倒すことに意味があるといいました。山へ入るときにはいまでも霊山修験といって、福島県に霊山という修験がありますが、そこでもしますし、それから羽黒でも梵天というのを倒します。御幣を倒しますが、これはやはり松明を立てていたのを倒す、倒したということは、入峰する人たちの生命がそこで断たれた、ということです。「断末魔の式」ともいいます。そして山へ入ることは、死後の苦しみをそこで果たすことです。地獄道・餓鬼道・畜生道・修羅道・人間道・天道という六道の苦しみをそこで経験して、生まれかわって出てくる。そうすると生命力が新たになって、病気も治し、長生きもするし幸福が得られる。私が「擬死再生儀礼」と名づけているものにあたります。

しかし修験道が仏教化すると、それだけではなくて、いわゆる声聞道・縁覚道・菩薩道・仏道という、こんどは仏の体験を経て出る。「即身成仏」の体験をして出るということになるので、「正灌頂《しょうかんじょう》」というのが行なわれる。ほんとうに仏になったのだ、ということを証明する「灌頂」を受けます。「灌頂」というのは、頭に水を注ぐことによって、その人が仏になることを証明する。ちょうど洗礼と同じことです。それを帰りに小石原でしたわけです。

だから柱松を入峰前にするということは、倒して火を消して、そして生命が断たれた。これから死後の世界に入るということの印になります。これは非常に大事なことです。柱松を倒す。「松起し」に対して「松倒し」があった。

戸隠修験の場合、長野県飯山市の小菅《こすげ》神社の柱松は、やはり倒して火を消して、それから「断入り」の儀式をして終わります。かつては修験の山では全部行なわれていたことが、今はほとんどなくなったが、こうしてどこかの修験の山に遺っているのです。それを繋《つな》ぎ合わせて復元すると、意外なことがわかります。

潮井採りと供花行

それから潮井採《しおいと》りといっているのは、これも修験の山にはどこでもあったものです。あるいは修験の山でなくても山中の村ではよくやりました。私の知っているのでは、高野山の奥に花園村（現・かつらぎ町）という村がありますが、ここでは戦後もやっていました。昭和二十年代までありました。もとは代表三人が堺まで歩いていったのですが、いまはバスや汽車で、塩水汲《く》みに行く。小さな手桶に塩水を汲んできて、それを村中の家の竹筒に分けます。一種の潮井汲みです。そしてその家では、一年中それを清めに使います。なにか穢《けが》れたことがあればそれに笹を挿しておき、パッパッと振る。ちょうど奈良市の東大寺の「お水取り」の練行衆が便所へ行くたびにお祓《はら》いをしているのと同じことです。水がなくなっても、笹でパラパラやれば塩をかけたのと同じことになりますから。

日本という国は幅が狭いから、山の中でも数日歩いて行けば海に出られます。中国の真ん中だったり、アメリカの真ん中だったりしたらたいへんですが。簡単に海へ出られるので、塩水を汲んで清めるという習慣が日本にはできた。これを、彦山では山伏の代表が苅《かん》田《だ》町の海まで出ていって、汲んできます。三日ほどかかります。もちろんその間、泊る家もきまっていたり、途中で祈禱《きとう》する場所もきまっていたりします。頼まれればいろいろお祓いも行ないながら行くのですが、なかなかの収入だったようです。これも明治維新後なくなりましたが、もう十年くらい前(昭和五十四年現在)に、高千穂さんという人が始めました。もちろん神主さんが行くのですが、このときはみんなが山伏の扮装《ふんそう》をして潮汲みにいきます。こういう形で修験道が少しずつ復興しています。

それから夏峰入りはどこでもやるように、要するに「抖擻行《とそう》」といい、遠距離を歩くのではなくて、山内に花を上げて回ります。これはみな「供花行《くげぎよう》」といい、花供えです。その山内で花を供えます。大周日、小周日とあり、広い範囲に回る場合と、狭い場合とがあります。「大回り行」というのは山外まで供えて歩くといいます。

伝承には、じつはそれぞれ詣る場所が書いてありますが、五月一日から七月の十五日までです。そういう一つの「供花行」があります。東大寺も中門《ちゆうもん》堂衆と法華堂衆とが供花をしており、これが「千日行」になったことは前にいいました。高野山にももちろん供花があり、それが六月二十二日から七月の十四日までですが、二十一日の「花供行」があります。

池坊《いけのぼう》というのはもと六角堂の供花をする山伏だったのです。住心院という名前で、聖護院の修験の主なる山伏ですが、その中の池坊華道の始まるときには高野山の供花をつとめて、そこで立花の法を編み出した、ということをいっております。高野山の供花は色花《いろばな》ではありません。みな常磐木《ときわぎ》、あるいは槙《まき》の枝を立てる立花ですから、池坊の立花・格花というのも常磐木だったわけです。色花というのはむしろ格の下がるものです。そういうことで夏峰入りに上げる花は、決してツツジの花やレンゲや、そういう色のついた花ではないのです。

花というのは、木のいちばん先端を「ハナ」（鼻）という。いちばん先端に花はだいたいいつくものですから、それに神が宿るという意味です。だから神の憑代《よりしろ》になるものを上げる。上げたところに神が下ってきて祀《まつ》りを受ける。これが立花、花立てともいうものです。そういうことが夏の峰入りです。「秋の峰入り」は先ほどいいましたように、彦山から福智山へ行く、その間の宝賀原《ほうがばる》で灌頂を行ない、そして彦山へまた帰ってくる。

洞窟信仰

それから洞窟信仰があります。石窟寺院の洞窟信仰と胎内窟としての洞窟信仰と、納経洞窟、納骨洞窟、入定《にゅうじょう》洞窟、不滅火洞窟、参籠洞窟というように分けることができますが、石窟寺院としての洞窟には、中国の敦煌《とんこう》や雲崗《うんこう》や龍門の伝統があると思います。大陸との繋《つな》がりです。

それに対して参籠洞窟は、これは日本で洞窟を住居にした痕跡から、そこにお籠《こも》りをすることができたのだと思います。いわゆる穴居、穴に住むといわれるものは必ずしも竪穴《たてあな》だけではありませんで、最初は山の中の横穴が使われた。広島県の帝釈峡《たいしやく》で、最近、旧石器人の遺骨が出てきましたが、ああいうところは「岩陰遺跡」といい、住居趾《じゆうきょあと》が岩の横穴になって、その上に人が住み、同時に住んだところがお墓になるから骨が埋められる。そこで死んだら骨が埋められる。またその上に人が住む。それでまたその上に人が住んで、またそこで死んだら骨が埋められる。またその上に人が住むようになる。何層にもなって出てきた。そういうふうに岩陰というものは、住居としても墓としても使われますから、それが修験道の伝統になると参籠洞窟になる。ですから石窟寺院も一つは人が住むものですし、現在の四十九窟の中で山内にあるものには建物の遺跡があります。洞窟の中に建物があり、充分そこで寝泊りができるようになっています。

それに対して胎内窟としての洞窟信仰は、そこの中へ入ることによって一度死んで、出ることによって生まれかわる。ふつう、「胎内くぐり」といって、修験の山や行場へ入ると狭い立て石の間とか、大峯の「裏行場」のように、斜めに倒れかかった石の下をくぐったりします。罪の重いものはくぐれないといったりします。肥った人間は罪が重いことになりますが、そういう一種の罪をはかりながら、そこから出たら生まれかわるという胎内窟です。陰窟ともいい、シンボライズされたものがそういう胎内窟として使われる場合もあります。月山ではわざわざそういうものを人工的につくり、ほんとうにお母さんのお腹の中に入っていくようなつくり方をした。それをつくったのは、別当として羽黒を天台宗に直した天宥僧正という人です。

天宥という人は天海と結び羽黒を天台宗にしたが、山内からいろいろ悪いことを訴えられて、新島に流された別当です。現在羽黒山へいくと、参道に樹齢四百年くらいの杉がありますが、あれは全部、天宥の植えたものである。灌漑《かんがい》用水につくった滝が落ちたりと、いいこともしていますが、その陰窟をつくったこともその一つに数えられています。修験としてはそういうところへ入って、そしてまた出て来ることが生まれかわりになるのですが、そういうシンボライズしたものが湯殿山にもある。同じようなものをつくろうとしたとみえまして、狭い間を抜けて胎内窟といっているのは、求菩提《くぼて》の五窟がそうです。

それから納経洞窟といって、洞窟にはお経を納めることがあります。智室窟が法華経を納め、経塚その他がありますが、求菩提の五窟にも納経があります。平安末期の有名な求菩提の銅板経という、銅板にお経を書いた莫大な数の納経ができたところがあります。

それに対して納骨洞窟というのがあります。洞窟信仰というのは納骨される。大峯山では前鬼の胎蔵窟というのは納骨洞窟で、賽《さい》の河原があったりしますが、富士の人穴も、どうも納骨されたようです。その納骨が納経にかわるのです。お骨の代わりにお経になる。

それから入定洞窟というのは、やはりそこへ入って死ぬとか、あるいは「入定」ですから死なないまでもそこで禅定する。

不滅火の洞窟というのは、室戸岬などはそうですが、蟷螂《とうろう》窟という、まったく焼けてしまった窟です。もちろん弘法大師の時代のものが残っているのではなくて、次々と聖《ひじり》が入っては火を焚《た》くので、あんなに焼けてしまった。これも各地にあります。

要するに洞窟信仰というものは、古い人間が横穴洞窟に住むような時代の残存と、大陸の石窟寺院の伝統の両方とが合わさったものです。九州の彦山に天然の洞窟が多いので、それぞれの洞窟を石窟寺院として住んだ時代があり、学問窟のようにその中で学問したりしたらしい。そしてまた胎内窟としても利用されたり、納経・納骨も行なわれ、もちろん入定も行なわれた。不滅火の洞窟についてはいますぐにはわかりませんが、まだ彦山の洞窟については地元の郷土史研究の人たちが調査をしており、「四十九窟」のだいたいの名前はわかりましたが、その信仰内容までは現在のところよくわからない状態です。

彦山の五窟というのは玉屋窟と豊前窟、いわゆる天狗です。大行事窟、これも天狗の窟。大南窟が不動の窟、智室窟が虚空蔵の窟で、現在、この五窟は信仰の対象になっています。玉屋窟に新宗教ができていることは先に述べたとおりです。

解説

山折哲雄

不思議なことに、今日の眼から眺めると、民俗学という学問の道が、だんだん細く、しぼんでしまっているようにみえる。かつては大樹を茂らせていたはずの民俗学の時代が、しだいに遠くなりにけり、の印象をぬぐえないのである。

つまりは、柳田國男、折口信夫とつづいて、そのあとがつづかなかったということなのだが、しかし最近になって、ふと心の奥に響くものがあった。それはもしかすると、柳田・折口の後塵《こうじん》を拝するだけで自足していた後世の人間たちの怠慢と停滞にすぎないのではないかと反省したのである。気がついてみれば、われわれの眼前にはすくなくとも二人だけは、重要な人物が存在していたはずだ、と。

千葉徳爾と五来重である。この二人こそは、柳田國男と折口信夫がやり残した仕事、ついに手をつけることのできなかった領域の学問を独自に追究し、かれらが探しあてることのできなかった金鉱のありかに気づかせてくれた導者であったと思うからだ。むろんそれは、たんに民俗学という狭い学問の分野だけにかぎられる話ではない。日本文化の源流をどうとらえるか、という人文学の全体に深くかかわる問題である。

千葉徳爾のやった仕事の中心を占めるものが狩猟社会の文化だった。狩猟民の生活感覚に広角レンズの肉眼で迫り、人間界と動物界をつらぬく「たたかい」の原像を明らかにした点でその仕事は際立っていた。それは柳田國男がはじめに手をつけようとして放棄した主題であり、折口信夫の「古代学」からもこぼれ落ちてしまった、まさに開拓すべき最前線のテーマだった。

そしてもう一人が、本書の主人公である五来重だ。近代民俗学の伝統においては、右の千葉徳爾と並ぶ、孤独にして天馬空を行く魂である。日本列島は重畳《ちょうじょう》する山岳に囲まれる広大な領域であるが、その奥地に潜入して修験、山伏の生態をつぶさに観察し、山地民たちがつくりあげてきた観念の体系を摘出することに非凡の才能を示した人物だった。その迫真の探索行は、柳田や折口が楽しんだ「旅」の世界とはまた別個の、怪奇と魅力に富むフィールドワークだったことに注意しなければならない。

日本列島における文化、芸術、宗教の源流をどこに求めるかは、今日のわれわれ自身の精神的存立の基盤を明らかにする上で決定的に重要な事項ではないか。そのとき自然に眼前に立ちのぼってくるのが山岳世界のダイナミックな展開の相であることはいうまでもない。私は以前、三〇〇〇メートル上空のセスナ機から空撮された日本列島のつらなりを映像を通して見せつけられたことがある。そのとき眼下にあらわれてきたのが、山また山、森また森の壮大なパノラマ景観だった。そこに、稲作農耕社会の片鱗《へんりん》だにみとめることができなかったのである。

もっともここには、一種の高さによるトリックが隠されていた。セスナ機の機首をもし一〇〇〇メートル五〇〇メートルまで下降させるとき、そこには広大な稲作地帯が展開してきたであろうからだ。そしてさらに高度を下げていくとき、近代工業地帯や石油コンビナートが姿をあらわしてくるであろう。要するに日本列島の歴史には、山岳・森林地帯、稲作農耕地帯、そして近代産業地帯という三層の意識構造が深々とうがたれていたということだ。そのなかで、最深層に横たわる山岳・森林地帯こそ日本文化を支えるもっともベーシックな基盤をなし、日本列島の精神的な源流を構成する風土的条件であったことがみえてくるだろう。

周知のようにこの東アジアの縁辺に横たわる日本列島には、外部からさまざまな文明的波動が押し寄せてきた。宗教運動や芸術運動をはじめ、先進的な技術や思想やそれを担った多彩な人物群だ。農耕文明や近代産業文明を生みだすうえで鍵《かぎ》となったこれらの技術や思想は、すべて外来のものであったが、それらの流入をつぎからつぎへと果敢に受容し、みずからの背丈に合わせて血肉化してきた運動の母胎が、さきにみたようにこの列島に太古の昔から根づいてきた山岳・森林地帯であったことを忘れてはならない。日本列島の文化は森林文化、山岳信仰の産湯をつかうことで、はじめて自己自身を発見するにいたったといってもけっして過言ではないのである。

このように考えてくるとき、五来重がやろうとした仕事がいかに貴重なものであったか、その奥行きの深さがみえてくるだろう。柳田國男が中途で放棄し、折口信夫がその入口のところから引き返していった山岳信仰の奥の院の世界である。その前人未踏の領域に分け入り、ただならぬ脚力と膂力《りよりよく》で未見の世界を切り拓《ひら》いていった仕事である。その五来重の獅子《しし》奮迅《ふんじん》の姿には、どこか、保守と退嬰《たいえい》の風にそまろうとしていた民俗学の領野に剛毅《ごうき》な鍬《くわ》を入れようとする荒法師の面影が宿っていたようにみえるのだ。

本書『山の宗教――修験道案内』は、こうした五来重の全仕事のエッセンスを、誰にもわかる平易な言葉で、かみくだくように語り下ろした作品なのである。

本書は、平成三年十二月角川選書として刊行されたものの文庫化です。なお、宗教行事の日程、地図上の地名などは刊行当時のままとしました。（編集部）

山《やま》の宗教《しゅうきょう》

修験道案内《しゅげんどうあんない》

五来《ごらい》 重《しげる》

平成20年 6月25日　初版発行
令和6年 4月20日　15版発行

発行者●山下直久

発行●株式会社KADOKAWA
〒102-8177　東京都千代田区富士見2-13-3
電話　0570-002-301(ナビダイヤル)

角川文庫 15204

印刷所●株式会社KADOKAWA
製本所●株式会社KADOKAWA

表紙画●和田三造

●お問い合わせ
https://www.kadokawa.co.jp/（「お問い合わせ」へお進みください）
※内容によっては、お答えできない場合があります。
※サポートは日本国内のみとさせていただきます。
※Japanese text only

ISBN978-4-04-408501-8　C0115